PARIS

ET

SES CURIOSITES.

DE L'IMPRIMERIE D'ÉGRON
RUE DES NOYERS.

PARIS
ET
SES CURIOSITÉS;
OU
NOUVEAU GUIDE
DU
VOYAGEUR A PARIS.

CONTENANT l'indication de tout ce qui concerne le gouvernement. — Objets relatifs au commerce. — Bibliothèques. — Monumens des sciences et arts. — Théâtres. — Jardins publics, etc, etc. ;

AUGMENTÉ d'une description des châteaux et maisons de plaisance des environs de Paris;

SUIVI d'une liste nominative des fonctionnaires publics, des banquiers, agens de change, etc.

A PARIS,

Chez MARCHAND, libraire, Palais du Tribunat, première galerie de bois, n°. 188, et passage Feydeau, n°. 24.

AN X. — 1802.

DE L'IMPRIMERIE D'ÉGRON,
RUE DES NOYERS.

AVIS.

Le but qu'on s'est proposé dans cet Ouvrage a été de se rendre utile aux étrangers qui arrivent à Paris, et qui ne connoissant pas cette immense capitale, sont souvent fort embarrassés pour se rendre aux lieux où ils sont appelés par leurs affaires ou leurs plaisirs. Nous nous sommes principalement appliqués à mettre de l'ordre et de la clarté dans les indications et descriptions que nous avons données de chaque objet.

Pour y parvenir, nous nous sommes dit : un étranger vient le plus ordinairement à Paris, ou ij

pour des relations avec le Gouvernement, ou des affaires particulières de commerce, soit par curiosité pour visiter les chefs-d'œuvres sans nombre que Paris renferme dans son sein, soit enfin pour goûter les plaisirs que cette grande cité offre aux étrangers; et souvent par tous ces motifs réunis. D'après ces considérations, nous avons commencé par tout ce qui concerne le Gouvernement ; nous indiquons les administrations civiles et militaires ; ensuite les banques, manufactures, et tout ce qui est relatif au commerce : puis, les bibliothèques, les monumens des sciences et arts, les édifices publics ; en dernier lieu les théâtres.

et autres lieux de rassemblement et de plaisir.

Nous avons cru faire plaisir aux étrangers, en ajoutant, pour terminer, une description des châteaux et maisons de plaisance qui se trouvent aux environs de Paris. Nous avons pensé qu'une courte notice historique, sur chacun de ces lieux, suffiroit pour mettre l'étranger à portée de connoître tout ce qu'ils renferment de curieux.

Nous n'avons pas eu la prétention de tout dire, et notre but est d'être utile et non de briller par l'étalage d'une vaine érudition. Nous avons toujours supposé que l'étranger avoit besoin d'être guidé et non instruit.

Nous n'avons rien négligé pour rendre cet ouvrage plus clair, plus méthodique qu'aucun de ceux qui ont déjà paru sur cet objet, et où tout est tellement mêlé, confondu, que le lecteur, engagé dans ce labyrinthe, s'y perd et s'y égare.

Pour ne rien omettre de ce qui peut être de quelque utilité, on trouvera, à la fin de ce volume, la liste nominative de tous les fonctionnaires publics, avec l'indication de leurs demeures à Paris, ainsi que les noms des banquiers, agens-de-change, courtiers de commerce, etc.

PARIS

ET

SES CURIOSITÉS.

CHAPITRE PREMIER.

GOUVERNEMENT.

ADMINISTRATIONS CIVILES ET MILITAIRES.

Bonaparte, *premier Consul*, au Palais des Tuileries.
Cambacérès, *second Consul*, place du Carrousel, hôtel d'Elbœuf.
Lebrun, *troisième Consul*, au Palais des Tuileries.

Quatre préfets sont chargés de l'administration intérieure du Palais du Gouvernement, et font alternativement le service au château : c'est à eux qu'il faut s'adresser pour être présenté et obtenir audience du premier consul.

GARDE DES CONSULS.

La garde des consuls est composée de grenadiers et de chasseurs à pied et à cheval, d'artillerie à cheval et de gendarmerie d'élite.

Les jours de grande parade, où les troupes manœuvrent et défilent en présence du premier Consul, sont fixés au 15 de chaque mois.

La parade a lieu de midi à une heure dans la vaste cour du palais du gouvernement. Pour être admis ce jour-là dans l'intérieur du palais, il faut avoir des billets; et c'est principalement auprès des officiers de la garde qu'on peut s'en procurer.

C'est ordinairement à l'issue de la parade que le premier Consul donne audience aux militaires.

CONSEIL D'ÉTAT.

Le Conseil d'état, composé de trente ou quarante membres, se forme en assemblée générale; et se divise en sections.

L'assemblée générale est convoquée par les consuls : elle est présidée par le premier Consul, ou en son absence, par l'un des deux autres consuls.

Les jours de séances qui ne sont pas publiques sont fixés aux mardi, jeudi et samedi de chaque semaine.

SÉNAT CONSERVATEUR.

Le Sénat conservateur, composé de quatre-vingt membres, est chargé de veiller à la conservation de la constitution. Il a aussi la nomination de tous les grands fonctionnaires publics. C'est au palais du Luxembourg qu'il tient ses séances. Elles ne sont publiques dans aucun cas.

CORPS LÉGISLATIF.

Le Corps législatif donne sa sanction aux projets de lois qui lui sont proposés par le gouvernement. Il est composé de trois cents membres. Le corps législatif siége en son palais, ci-devant palais Bourbon, et ses séances sont publiques.

TRIBUNAT.

Le Tribunat, composé de cent membres, discute les projets de lois, émet un vœu pour ou contre : il tient ses séances dans une salle du ci-devant Palais-Royal, qui porte maintenant le nom de Palais du Tribunat. Les séances du Tribunat sont publiques; mais vu la petitesse de la salle, on ne peut y entrer qu'avec des billets, qui se distribuent à la salle des inspecteurs.

MINISTÈRE DE LA JUSTICE.

Place Vendôme.

ATTRIBUTIONS.

L'impression et l'envoi des lois et des arrêtés des consuls; les proclamations et instructions du gouvernement aux autorités administratives et judiciaires; les correspondances avec les tribunaux et tout ce qui concerne l'administration de la justice; le notariat et les objets qui lui sont relatifs.

Jours d'audience.

Les audiences publiques du ministre de la justice ont lieu les vendredis, depuis deux heures jusqu'à quatre. Les fonctionnaires publics sont admis les mêmes jours, depuis dix heures jusqu'à midi ; et les bureaux sont ouverts au public les mardis et vendredis, depuis deux heures jusqu'à quatre.

Lorsque le jour d'audience se trouve un jour de repos, elles sont remises au lendemain. Cette observation est générale pour toutes les autorités.

MINISTÈRE DE L'INTÉRIEUR.

Rue de Grenelle, n°. 92.

ATTRIBUTIONS.

Correspondance générale avec les préfets des départemens. Les fabriques, les manufactures, l'instruction publique, le commerce, les arts et les sciences, et généralement tout ce qui a rapport à l'administration intérieure de la République.

Le secrétaire-général donne audience tous les jours depuis une heure jusqu'à trois; les chefs de division le jeudi, depuis midi jusqu'à deux heures.

MINISTÈRE DES FINANCES.

Rue Neuve des Petits-Champs.

ATTRIBUTIONS.

L'exécution des lois sur les contributions directes et sur la perception des contributions indirectes; la nomination des receveurs; les douanes; les postes aux lettres; la loterie nationale; les domaines nationaux, etc.

Jours d'audience.

Le ministre donne audience publique le premier lundi de chaque mois : les bureaux sont ouverts au public les lundis de chaque semaine, depuis midi jusqu'à quatre heures.

MINISTÈRE DE LA GUERRE.

Rue de Varennes, faubourg Saint-Germain.

ATTRIBUTIONS.

La levée, la discipline et le mouvement des armées de terre; l'artillerie, le génie, les fortifications; la gendarmerie nationale, etc.

Jours d'audience.

L'entrée dans les bureaux de la guerre est permise le mercredi de chaque semaine, depuis deux heures jusqu'à quatre.

Les audiences publiques du ministre sont fixées au 1er. et au 15 de chaque mois.

Les fonctionnaires publics sont reçus les mardis de chaque semaine, à sept heures.

Le dépôt général de la guerre est situé rue de l'Université, n°. 334.

L'état-major-général de la place de Paris, quai Voltaire, n°. 4.

MINISTÈRE DE LA MARINE.

Rue de la Concorde, près le Garde-Meuble.

ATTRIBUTIONS.

La levée, la discipline et le mouvement des armées navales; l'administration générale des postes; la construction des vaisseaux, l'administration des colonies, etc.

Jours d'audience.

Le ministre de la marine donne ses audiences publiques les 2 et 16 de chaque mois, depuis midi jusqu'à deux heures; et aux fonctionnaires publics le jeudi, à sept heures.

MINISTÈRE DE LA POLICE GÉNÉRALE.

Quai Voltaire.

ATTRIBUTIONS.

La haute police dans toute l'étendue de la République ; la surveillance des étrangers ; la police générale des prisons ; l'exécution des lois relatives à la tranquillité intérieure de la République.

Jours d'audience.

Les bureaux du ministre de la police sont ouverts au public le mardi de chaque semaine, depuis midi jusqu'à quatre heures.

MINISTÈRE DES RELATIONS EXTÉRIEURES.

Rue du Bacq.

ATTRIBUTIONS.

Conservation, exécution des traités de politique et de commerce; la correspondance avec les ambassadeurs, ministres résidens, agens diplomatiques et commerciaux, soit des puissances étrangères près le gouvernement français, soit de la République française près les gouvernemens étrangers.

Jours d'audience.

Le ministre des relations extérieures n'a point d'audience publique : il donne des audiences particulières lorsqu'elles sont demandées par lettres, qui en indiquent l'objet. Les personnes qui les ont obtenues sont admises, en représentant aux huissiers de la salle la réponse du ministre. On peut se servir du même moyen quand on désire obtenir une audience particulière des autres ministres.

Le bureau des passe-ports est ouvert au public tous les jours, depuis onze du matin jusqu'à trois heures.

Outre l'expédition des passe-ports et la légalisation des pièces venant de l'étranger, ou susceptibles d'y être envoyées, les personnes qui auroient besoin de quelques renseignemens, pourront se les procurer à ce bureau.

MINISTÈRE DU TRÉSOR PUBLIC.

Rue Neuve des Petits-Champs.

ATTRIBUTIONS.

Le trésor public est le centre où viennent se réunir tous les revenus nationaux, et d'où sortent tous les fonds destinés aux dépenses de l'État.

COMPTABILITÉ NATIONALE.

Cour du Palais de Justice.

Direction générale de la liquidation de la dette publique.

Place Vendôme.

CAISSE D'ESCOMPTE ET DE COMMERCE.

Rue Vivienne, n°. 42.

BUREAUX DE L'ENREGISTREMENT ET DU TIMBRE.

Rue Neuve du Luxembourg.

PRÉFECTURE DU DÉPARTEM. DE LA SEINE.

Place Vendôme.

PRÉFECTURE DE POLICE.

Quai des Orfèvres.

Les étrangers et voyageurs sont tenus de faire viser leurs passe-ports, à la préfecture de police, dans les vingt-quatre heures qui suivent leur arrivée à Paris ; faute de remplir cette formalité, ils courent risque d'être arrêtés.

Le bureau des passe-ports est ouvert tous les jours depuis neuf heures jusqu'à quatre.

MUNICIPALITÉS DE PARIS.

Il y a douze municipalités dans Paris. Chaque municipalité contient quatre divisions.

Le chef-lieu de la première est maison Latour, place Beauveau, n°. 62, division du Roule. Cette municipalité est composée des divisions des Tuileries, des Champs-Élysées, du Roule et de la place Vendôme.

Le chef-lieu de la seconde est rue d'Antin, n°. 926, division Lepelletier. Les trois autres divisions dont elle est composée, sont celles de la Butte-des-Moulins, du Mont-Blanc et du Faubourg Montmartre.

Le chef-lieu de la troisième est aux ci-devant Petits-Pères, division du Mail. Les trois autres divisions dont elle est composée, sont celles Poissonnière, Brutus et du Contrat-Social.

Le chef-lieu de la quatrième est rue Coquillière, division de la Halle-au-Bled. Les trois autres divisions sont celles des Gardes-Françaises, du Muséum et des Marchés.

Le chef-lieu de la cinquième est au ci-devant presbytère Saint-Laurent, faubourg Saint-Martin. Ses quatre divisions sont celles de Bon-Conseil, Bonne-Nouvelle, faubourg du Nord et Bondi.

Le chef-lieu de la sixième est à la ci-devant abbaye Saint-Martin. Ses quatre divisions sont celles du Temple, des Amis de la Patrie, des Gravilliers et des Lombards.

Le chef-lieu de la septième est rue Saint-Avoye, n°. 160. Ses quatre divisions sont celles de la Réunion, des Arcis, de l'Homme-Armé et des Droits-de-l'Homme.

Le chef-lieu de la huitième est place du Parc, maison ci-devant Villedeuil, n°. 280. Ses quatre divisions sont celles des Quinze-Vingt, Montreuil, Popincourt et de l'Indivisibilité.

Le chef-lieu de la neuvième est au ci-devant presbytère de Saint-Jean-en Grève. Ses quatre divisions sont celles de la Fraternité, de la Cité, de la Fidélité et de l'Arsenal.

Le chef-lieu de la dixième est rue de l'Université, n°. 374. Ses quatre divisions sont celles des Invalides, de la Fontaine-de-Grenelle, de l'Unité et de l'Ouest.

Le chef-lieu de la onzième est rue Mignon Saint-André-des-Arcs. Ses divisions sont celles du Pont-Neuf, du Théâtre-Français, du Luxembourg et des Thermes.

Le chef-lieu de la douzième est place du Panthéon. Ses quatre divisions sont celles du Panthéon, du Jardin-des-Plantes, de l'Observatoire, du Finistère.

CHAPITRE II.

Manufactures, Établissemens de commerce, et tout ce qui est relatif à cet objet.

BANQUE DE FRANCE.

Place des Victoires.

Cette banque escompte les lettres-de-change et billets à ordre, revêtus de trois signatures de citoyens français et de négocians étrangers, ayant une réputation notoire de solvabilité.

Elle se charge pour compte de particuliers, pour celui des établissemens publics et du gouvernement, de recouvrer le montant des effets qui lui seront remis, et de faire des avances sur les recouvremens de ces effets, lorsqu'ils paroîtront certains.

Elle reçoit en comptes courans tous dépôts et consignations, ainsi que les sommes en numéraire et les effets qui lui seront remis par des particuliers ou des établissemens publics; elle paye pour eux les mandats qu'ils tireront sur la banque, ou les engagemens qu'ils auront pris à son domicile, et ce, jusqu'à concurrence des sommes encaissées à leur profit.

BOURSE,

Dans l'église des Petits-Pères, près la place des Victoires.

Elle est ouverte tous les jours, depuis deux heures jusqu'à quatre, à tous les citoyens jouissant de leurs droits politiques, et aux étrangers, qui y trouveront tous les renseignemens et facilités pour les affaires qu'ils pourroient avoir à négocier.

MANUFACTURES.

MANUFACTURE DES GOBELINS,

au coin de la rue Mouffetard.

C'est dans cette manufacture célèbre qu'on a porté l'art de teindre la laine, et le travail de la tapisserie à un tel degré de perfection, qu'on a peine à distinguer les figures travaillées à l'éguille, de celles que le pinceau du peintre a tracées sur la toile; il est peu d'objets dans la capitale plus dignes d'exciter la curiosité des étrangers.

MANUFACTURE DE GLACES,

rue de Reuilly, faubourg St.-Antoine.

C'est à Colbert que l'on doit l'établissement de cette belle manufacture qui mérite, comme celle des Gobelins, de fixer l'attention des étrangers. Avant la création de cette manufacture, on tiroit les glaces de Venise. Les glaces de cet établissement sont coulées à Saint-Gobin, près la Fère : on les étame et on les polit, rue de Reuilly.

MANUFACTURE D'ACIER MINÉRAL.

Buffault, rue d'Orléans, n°. 13, division de l'Homme-Armé.

MANUFACTURE DE CRISTAUX.

Besson, rue Montorgueil, n°. 1016, division des Invalides.

MANUFACTURE DE CUIVRE.

Daumy, aîné, enclos de la Cité n°. 5.

Daumy, jeune, même maison.

MANUFACTURE DE TAPISSERIES D'AUBUSSON.

Rogier, rue de la Huchette.

MANUFACTURE DE PORCELAINE,
à *Sèvres*, *près Paris*.

Cette manufacture, célèbre dans toute l'Europe, mérite d'être visitée par les étrangers.

MANUFACTURE DE PLOMB LAMINÉ.

Maison de Seine, île Saint-Denis, et rue Villedot.

Rue Béthisy, au coin de la rue du Roule.

MANUFACTURE DE PAPIERS PEINTS.

Etablie par les citoyens Arthur et Grenard, au coin de la rue Louis-le-Grand, sur le boulevard. Deux cents ouvriers sont occupés journellement dans cette manufacture, dont les propriétaires actuels se font un plaisir de faire connoître aux amateurs tous les détails de cette fabrication, à l'aide de laquelle on exécute aujourd'hui, avec la plus grande perfection, tous les ornemens de la peinture, de la sculpture et de l'architecture. Ils ont aussi une magnifique collection d'estampes anglaises et françaises.

Manufacture de terre, façon d'Angleterre, au Pont-aux-Choux.

— de velours à la turque, faubourg Saint-Antoine, près des Enfans-Trouvés.

— de lanternes à réverbères, au bas du Marché-Neuf.

— de vinaigres ; Maille, rue des Prouvaires, et rue Saint-André-des-Arcs.

— de sirops et liqueurs ; le citoyen Gosset, rue du Hurepoix.

— de Sparterie, rue Popincourt.

— de draps et teintures, à l'entrée de la rue des Gobelins.

— de levure incorruptible, rue des Amandiers, n°. 3, faubourg Saint-Antoine.

— de chandelles, à la Scipion, faubourg Saint-Marcel.

— d'huile de pieds de bœuf et de tripes, au Gros-Caillou.

— d'acier et d'acide, à Javelle.

— d'horlogerie, rue de Buisson-Saint-Louis, faubourg du Temple.

— de savon, rue d'Enfer, en la Cité.

— de faïences, rue Saint-Dominique, au Gros-Caillou.

— de couvertures, rue Saint-Victor.

— de fers à l'abri de la rouille, aux Thermes, au-delà de la barrière du Roule, ancien chemin de Neuilly.

— d'étamage à couche épaisse, à volonté, sur le cuivre ou sur le fer; à côté de la rue Thévenot; rue Saint-Denis, n°. 6.

— de toiles de coton, rue Lenoir,

au coin de celle Charenton, faubourg Saint-Antoine.

Manufactures de tabac.

Hôtel Longueville, place du Carrousel, et rue Montmartre, vis-à-vis la rue du Jour.

Dépôt des verreries nationales de Saint-Querin et de Monthermé, chez Courbe et Demas, rue des Bourdonnois, n°. 410.

Verrerie de Paris, près la Garre, tenue par le citoyen Saget.

Les amateurs trouveront, rue des Lombards, plusieurs magasins célèbres pour les dragées et confitures.

Berthelmot, au palais du Tribunat, jouit de la plus grande réputation dans ce genre de commerce.

Dépôt d'armes de la manufacture de Versailles, rue de la Loi.

MAGASINS DE MUSIQUE ET D'INSTRUMENS.

Gaveaux, au passage Feydeau.
Pleyel, rue Neuve-des-Petits-Champs.
Serbin fils, rue de la Loi, n°. 1443.
Imbault, rue Saint-Honoré.
Nadermann, rue d'Argenteuil, à Apollon.
Toméoni, boulevard Poissonnière, n°. 2. On trouve chez lui une collection de tout ce que les grands maîtres d'Italie ont fait de meilleur.

Luthiers.

Breslet, rue Bétisy, n°. 347.
Amelingue, rue Croix-des-Petits-Champs, pour les clarinettes.
Hermez, rue Saint-Honoré, n°. 67.

Nadermann, rue d'Argenteuil, pour les harpes.

Simon, rue Notre-Dame-des-Victoires, pour les pianos.

POSTE AUX LETTRES,

Rue Jean-Jacques Rousseau.

Il y a toujours à la maison des postes, rue J.-J. Rousseau, un administrateur pour recevoir les réclamations du public et y faire droit.

Bureau d'affranchissement pour les départemens et l'étranger.

On ne peut affranchir, à la maison des postes, pour les départemens et l'étranger, qu'à ce seul bureau. Il est situé au premier, à côté du bureau du départ. Ce bureau est ouvert au public depuis sept heures du matin jusqu'à sept heures du soir, à dater du premier germinal jusqu'au premier vendémiaire ; et depuis huit heures jusqu'à sept, à dater du premier vendémiaire jusqu'au premier germinal. Les lettres, qui y sont affranchies jusqu'à trois heures, partent le jour même.

Bureau des chargemens pour les départemens et l'étranger.

Ce bureau est ouvert depuis huit heures du matin jusqu'à trois, en tout temps. Les lettres qui y sont chargées avant deux heures, partent le jour même ; celles chargées après deux heures, sont remises à l'ordinaire suivant.

Bureau du chef de la division de Paris, maison des postes.

Ce bureau, permanent pendant la durée du service de Paris, est ouvert tous les jours, depuis six heures du matin jusqu'à neuf heures du soir. On y reçoit les réclamations, plaintes et demandes relatives au service dont il a été parlé. Les rebuts de Paris y sont déposés après trois mois de date. L'on s'y abonne au Bulletin des lois, pour toute la république.

BUREAUX DE DISTRIBUTION.

Bureau de la poste restante et lettres chargées, maison des postes.

Ce bureau est ouvert tous les jours depuis huit heures du matin jusqu'à sept heures du soir.

On y distribue les lettres adressées poste restante, et celles chargées des départemens pour Paris, et celles de Paris pour Paris.

Observations essentielles.

Il est défendu de mettre de l'or et de l'argent dans les lettres.

Il y a un bureau dans la maison des postes, dans lequel on reçoit à découvert l'or, l'argent, et autres effets de valeur, en payant cinq pour cent de la valeur.

Il y a aussi un autre bureau dans lequel on reçoit à couvert, sous enveloppe cachetée sur tous les plis, et en payant le double port, les lettres et paquets que l'on veut faire charger et recommander.

Lorsqu'une lettre est destinée pour un lieu où il n'y a pas de bureau de poste, il faut terminer l'adresse par le nom du bureau de poste le plus voisin, et non par celui du lieu de la destination.

POSTES AUX CHEVAUX.

Elle est établie, à Paris, dans l'enclos de l'ancienne abbaye Saint-Germain-des-Prés; on y arrive par la rue des Petits-Augustins, et par la rue Saint-Benoît. Pour la commodité du public il y a aussi un dépôt aux anciennes écuries d'Orléans, rue Saint-Thomas-du-Louvre.

VOITURES PUBLIQUES.

Rue Notre-Dame-des-Victoires, et rue du Bouloy.

Le but de cet établissement est de présenter une centralité de service des messageries, qui embrasse tous les points de la république, et qui, par sa consistance, sa régularité et son exactitude, offre au gouvernement et au public une sûreté qui puisse lui mériter la confiance qu'avoient les fermes et les régies qui l'ont précédé.

Il y a toujours à la maison des messageries un administrateur pour recevoir les plaintes du public, y faire droit, et donner tous les renseignemens sur le départ et l'arrivée des voitures.

On fait des compositions avec les maisons de commerce, pour le transport des fonds, en raison de l'importance des expéditions.

Il y a un bureau de recouvremens, chargé particulièrement du recouvrement des effets de commerce, de Paris sur les départemens, et des départemens sur Paris.

DILIGENCES PARTICULIERES,

rue des Vieux-Augustins, n°. 26.

Route de Gand, Amiens, Arras, Douai, Lille, Courtrai, Bruxelles,

Saint-Quentin, Valenciennes et Mons, tous les jours.

De Strasbourg, Châlons-sur-Marne, Bar-sur-Ornain et Nancy, les jours pairs.

De Sainte-Ménéhould, Verdun et Metz, les jours impairs.

De Lyon, Auxerre, Autun et Mâcon, par Nevers, Moulins et Rouane, les jours pairs.

De Toulouse, Orléans, Limoges, Uzerches, Cahors et Montauban, les jours impairs.

De Bordeaux, Orléans, Tours, Poitiers et Angoulême, les jours pairs.

Pour Arpajon, Chevreuse, Dourdan, Étampes, Pithiviers, rue d'Enfer, n°. 776.

Pour Compiègne, Senlis, Chantilly, Château-Thierry, Gisors, Gournay, Beaumont-sur-Oise, Creil, Meaux,

Pontoise, Laferté-sur-Jouare, rue du faubourg Saint-Denis, n°. 22.

Pour Corbeil, Essonne, Nemours, Sens, Montargis, Lyon, Nevers, Rouane, Fontainebleau, rue S. Victor, section des Plantes, n°. 115.

Pour Arpajon, Etampes, rue Saint-Dominique d'Enfer, n°. 740.

Pour Nantes, Angers, Orléans, Tours, passage Longueville, place du Carrouzel.

Pour Niort, Poitiers, Saintes, rue Gaillon, n°. 844.

- Voitures de l'Éclair, rue de l'Echelle Saint-Honoré, n°. 563.

Pour Reims et Soissons, faubourg Saint-Martin, n°. 206.

Service en poste, rue Saint-Antoine, près celle de Jouy, n°. 314.

Pour Auxerre, Sens, Joigny, tous les jours à six heures du matin.

Pour Melun, Lagny, Brie-la-Ville,

à sept heures du matin et à trois heures du soir.

Pour Bar-sur-Aube, Chaumont, Langres, tous les jours impairs à six heures du soir.

On trouve aussi auprès du pont National, du côté des Tuileries, des voitures qui partent à volonté pour Saint-Cloud, Versailles, Saint-Germain, et les environs.

A la porte Saint-Denis, de pareilles voitures pour les environs de Paris.

COCHES D'EAU,

quai St.-Bernard et port St.-Paul.

Les coches légers, diligences et galiotes sont expédiés du port St.-Paul, et les coches à grande capacité, ainsi que les bateaux de transport, le sont du port Saint-Bernard, le tout aux époques et dans l'ordre indiqué ci-dessous.

C'est aux bureaux respectifs que les voyageurs et expéditionnaires de marchandises doivent s'adresser.

Les coches d'eau partent pour Paris.

Du premier vendémiaire au premier ventôse inclusivement, à huit heures précises du matin.

Du premier germinal au dernier fructidor, à sept heures précises du matin.

DU PORT SAINT-PAUL.

Montereau, tous les trois et quatre jours, en commençant par le 2 vendémiaire, 5, 9, 12, 16 et ainsi de suite, et arrive tous les quatre et huit jours, à compter du 4 vendémiaire, 8, 11, 15 et ainsi de suite.

Nogent, tous les sept jours, à commencer du 6 vendémiaire, et arrive tous les sept jours, à commencer du 3 vendémiaire.

Briare, tous les sept jours, à commencer du 7 vendémiaire, et arrive tous les sept jours, à compter du 5 vendémiaire.

DU PORT SAINT-BERNARD.

Auxerre, tous les quatre et trois jours, à commencer du premier vendémiaire, 4, 7, 11, 14, 17 et ainsi de suite, et arrive tous les quatre et cinq jours, à commencer du 2, 6, 9, 13 vendémiaire, et ainsi de suite.

Sens, tous les sept jours, à commencer du 3 vendémiaire, et arrive tous les sept jours, à compter du premier vendémiaire.

Les bureaux sont ouverts, pour le public, en hiver, depuis huit heures jusqu'à midi, et depuis deux heures jusqu'à quatre; en été, depuis sept heures jusqu'à midi, et depuis deux heures jusqu'à six.

ROULAGES.

Dupuis et Legrand, à la ville de Dunkerque, rue Saint-Martin
Abraham, rue Saint-Denis, n°. 68.
Boiyour, rue Montorgueil.
Chenu, rue du Mail.

HALLES.

Halle aux bleds, farines et grains, rue de Viarmes, quartier St.-Honoré.
— aux cuirs, rue Bonconseil.
— aux draps et aux toiles, rue de la Féronnerie, et environs.
— à la marée, *idem.*
— aux fruits.
— aux herbages et aux choux, rue de la Féronnerie.
— au poisson d'eau douce, rue de la Cossonnerie.

— aux suifs.

— aux vins, sur le quai des Fossés-Saint-Bernard.

MONT-DE-PIÉTÉ,

Rue des Blancs-Manteaux.

L'étranger qui se trouveroit dans la malheureuse nécessité de mettre quelques effets en gage, doit préférer cet établissement, placé immédiatement sous la surveillance du gouvernement; il y trouvera plus de sûreté, et les intérêts plus modérés que dans aucune autre maison de prêt.

Si on n'avoit pas la facilité de s'adresser au Mont-de-Piété, les principales maisons de prêt sont:

Rue Grenier-Saint-Lazarre, numéro 655.

Madame Tesson, rue de la Loi, n°. 18.

Lombard-Lussan, rue de Grenelle-Saint-Honoré, ou du Bouloy, maison Saint-Simon.

Gaucher, rue d'Orléans, n°. 113.

Richard, rue de la Loi, n°. 173.

Caisse de négoce, rue Coq-Héron, n°. 64, vis-à-vis la poste aux lettres.

Quai Malaquais, n°. 2.

Lombard-Feydeau, rue Feydeau.

Autre caisse de négoce, rue du Plâtre Saint-Jacques, n°. 5. Les employés sont Georges fils, Blanchard et Jalot aîné.

Cette caisse a pour objet de prêter sur des marchandises de tout genre, en nantissement de fonds, à un demi pour cent par mois ; de recevoir les créances, et de payer les billets à domicile, à raison d'un huitième pour cent ; de vendre, en gros par commission, à un demi pour cent, etc.

Autre Lombard, place des Victoires.

CABINETS LITTÉRAIRES
ET JOURNAUX.

Les libraires qui louent des livres sont très-communs à Paris. On peut s'abonner au mois, ou payer par volume.

Les cabinets de lecture les plus fréquentés, sont celui du citoyen Girardin, au Palais du Tribunat, n°. 156.

Celui d'Henrichs, boulevard Italien, maison Tortoni, n°. 30, au coin de la rue Taitbout.

Celui du café Zooppi, plus connu sous le nom du café Procope, vis-à-vis l'ancienne comédie française.

On y trouve tous les journaux.

Nous nous bornerons à indiquer les titres des journaux les plus connus, sans prononcer sur leur mérite.

Le journal des Débats, rue des Prêtres Saint-Germain-l'Auxerrois.

Le journal de Paris, rue Traînée, près Saint-Eustache,

Le Moniteur, rue des Poitevins.

Le Publiciste, rue des Moineaux.

Les Petites-Affiches, rue Neuve-Saint-Augustin.

Le journal des frères Chaignieaux, rue de la Monnoie.

La Décade philosophique et littéraire, rue de Grenelle, vis-à-vis celle des Saints-Pères.

Le journal de Commerce, rue Grange-Batelière.

La Gazette de France, rue Christine.

Le Courier des Spectacles, rue Saint-Guillaume, n°. 1150.

Le journal d'Indications, rue d'Argenteuil, n°. 211.

MARCHÉS.

Le marché d'Aguesseau, faubourg Saint-Germain.

— de l'apport-Paris, près le grand châtelet.

— de Boulainvilliers, rue du Bacq, faubourg Saint-Germain.

— de Beauce, ou des Enfans-Rouges au coin de la rue Charlot.

— aux Chevaux, boulevard de l'Hôpital, et rue Poliveau.

— de la Culture Sainte-Catherine, rue Saint-Antoine.

— du Cimetière Saint-Jean, près de la rue de la Verrerie.

— aux fleurs, arbres et arbustes, quai de la Mégisserie, dit de la Féraille.

— aux fleurs en bouquets, rue aux Fers.

— du faubourg Saint-Antoine.

— de la Foire Saint-Germain, au bout de la rue de Bussy.

— de la nouvelle place aux Veaux, quai des Miramionnes.

— aux Poirées, (ou aux halles) de la rue de la Fromagerie à celle aux Fers.

— Neuf, entre le pont Saint-Michel et Saint-Germain-le-Vieux.

— de la place Maubert, au bas de la Montagne Sainte-Geneviève.

— des Quinze-Vingts, rue Saint-Honoré.

— Saint-Martin-des-Champs, rue Saint-Martin.

— du Temple, dans l'enclos de cet édifice.

— de la Croix-Rouge, près les ci-devant Prémontrés.

— de la porte Saint-Michel.

— Saint-Etienne-des-Grès, au haut de la rue Saint-Jacques.

– des Patriarches, près Saint-Médard.

AGENCE CENTRALE

HYPOTHÉCAIRE.

'alais du Tribunat, cour de Fontaines, n.º 1112.

Pour les inscriptions et transcrip-ons dans tous les départemens.

Établissement Guenefey-Savonières, our les huiles et bougies, rue Neuve-es-Petits-Champs, n.º 10, entre les 1es Gaillon et d'Antin.

Jeu d'Échecs. Les amateurs de ce u peuvent aller au café ci-devant de Régence, place du palais du Tri-unat, chez le citoyen Beaupié. Et au café Manoury, quai de l'École, pour le jeu de Dames.

Huile antique pour les cheveux; eau romaine pour les laver. Chez le citoyen Maurice, rue Montorgueil, n.º 169.

Chez Michalon, rue de Richelieu. Dumas, même rue, passage du café de Foy.

Tablettes pectorales de Suisse, pour les rhumes opiniâtres et invétérés, les pituites, commencemens d'asthme; crachement de sang, cathares, toux continuelles.

Beaume suédois, pour la guérison des engelures.

Chez le citoyen Deharambure, pharmacien, rue, porte, et carré St.-Martin, n.º 11.

Pessaire pour les hernies.

Nous croyons devoir prévenir ceux qui seraient attaqués de hernies ou descentes, qu'ils trouveront d'excellens bandages, des pessaires et des suspensoirs, chez le citoyen Sellée, reçu au collège de chirurgie de Paris, et chirurgien herniaire de l'hospice du Roule, rue Nicaise, n.° 311. à-côté du chapelier, division des Tuileries. Il débite un bon traité sur les hernies, de sa composition.

EAU DE BEAUTÉ.

Ce dépôt est chez le citoyen Lemarchant, épicier, rue des Poulies, n.° 105, vis-à-vis le Louvre; et rue Traînée, n.° 690. Prix, six francs la bouteille.

Cette eau blanchit le teint, adoucit la peau, donne du coloris au visage, et fait disparaître les boutons. Elle adoucit le feu et l'impression du rasoir; après la barbe, on en met une cuillerée dans un verre d'eau.

FONTAINES FILTRANTES.

Le dépôt de ces fontaines est place du Vieux-Louvre, n.° 7. Quelque trouble que soit l'eau, ces fontaines, en pierre de liais, garnies, dans l'intérieur, d'un filtrage de pierres ponces, ne la laissent parvenir que très-lentement au robinet. Leur forme ronde ou quarrée les rend propres à figurer dans les appartemens, comme meuble, piédestal, socle, etc. Elles sont d'ailleurs à l'épreuve de la gelée.

Nouvelles fontaines filtrantes de Cuchet, hôtel de Nesle, vis-à-vis le pont National.

FONTAINES PUBLIQUES.

Il y a soixante fontaines publiques à Paris; trente-huit donnent de l'eau de la Seine, dix de l'eau de Rongis, cinq de l'eau du Pré Saint-Gervais, six de l'eau de Belleville, et une de l'eau d'Arcueil. Les principales sont : la fontaine d'Alexandre, rue Saint-Victor; la fontaine d'Amour, butte Saint-Roch; celle des Audriettes, rue des Vieilles-Audriettes; celle de Birague, rue Saint-Antoine; celle de la Charité, rue Taranne; celle de la Croix-du-Trahoir, au coin des rues Saint-Honoré et de l'Arbre-Sec; celle des Cordeliers; celle du Diable; celle Garancière, rue de ce nom; celle de la rue de Grenelle; et la fontaine des Innocens, au milieu du marché de ce nom. Ce sont ces deux dernières sur-tout qui méritent l'attention des voyageurs.

ESSENCE DE VIANDES

ET DE LÉGUMES.

Le citoyen Prévost, rue d'Orléans-Saint-Honoré, n.° 28, *à la renommée des Galantines*, les débite avec succès, tant pour la ville que pour les voyages. Ces essences consistent en consommés ordinaires, consommés de gibier, consommés en jambons de Bayonne, en jus, en légumes, en bouillon. Un imprimé indique la manière de les employer, et de les conserver.

Les dépôts sont chez les citoyens Hirment, marchand de commestibles, palais du Tribunat, derrière le théâtre de la République; et Rouget, pâtissier, place du Palais du Tribunat.

CHAPITRE III.

Bibliothèques. — Monumens des sciences et arts. — Palais. — Edifices publics.

BIBLIOTHEQUE NATIONALE.

Rue de la Loi.

Charles V peut être regardé comme le fondateur de cette bibliothèque ; c'est lui qui, le premier, fit rassembler et copier un certain nombre de livres de sciences et de dévotion. La collection rassemblée par ses soins, fut placée dans une tour du Louvre, qu'on appela Tour de la Librairie.

Cette collection fut peu augmentée jusqu'à François premier qui, protecteur des arts et des sciences, l'enrichit de plusieurs manuscrits grecs. Henri II trouva moyen d'accroître ce dépôt par l'ordonnance de 1556, qui enjoignoit aux libraires de fournir aux bibliothèques royales un exemplaire en vélin de tous les livres imprimés par privilège.

Louis XIV l'augmenta plus qu'aucun de ses prédécesseurs ; à sa mort on y comptoit déjà 70,000 volumes.

Depuis cette époque jusqu'aujourd'hui, le nombre des livres s'est tellement accru que les bâtimens immenses de la bibliothèque peuvent à peine contenir tout ce qu'elle renferme.

Cette bibliothèque est divisée en cinq départemens, confiés à la garde de savans du premier mérite.

1°. Cabinet de médailles. Ce département forme une des parties les plus curieuses de la bibliothèque.

2°. Cabinet d'antiques, qui renferme les bustes, vases, inscriptions, instrumens de sacrifices, rassemblés avec beaucoup de soins et de dépenses par le célèbre comte de *Caylus*.

5°. Dépôt des manuscrits, chartes, etc. Tous ces manuscrits sont conservés dans la grande et magnifique galerie, dite Mazarine, et dans cinq autres pièces qui la précèdent.

4°. Le cabinet de gravures est formé de cinq mille volumes, divisé en douze classes. Ce cabinet est infiniment intéressant, et doit être visité par les artistes et amateurs.

5°. Dépôt des livres imprimés qui se trouve au premier.

Cette bibliothèque est ouverte tous les jours à ceux qui veulent y étudier et travailler, depuis dix heures jusqu'à deux heures.

Les mardis et vendredis aux mêmes heures pour les curieux.

BIBLIOTHÈQUE DE LA VILLE.

Rue Saint-Antoine, hôtel St.-Louis.

Elle est ouverte, tous les jours, depuis neuf heures jusqu'à trois.

Elle est riche en herbiers et en dessins de plantes. Les peintures de la bibliothèque et du plafond de l'escalier, sont de Gio-Girardini, peintre italien.

BIBLIOTHÈQUE DU PANTHÉON,

Ci-devant Sainte-Géneviève.

Elle est ouverte tous les jours, excepté le dimanche, depuis dix heures jusqu'à deux.

Elle contient environ quatre-vingt mille volumes et deux mille manuscrits. Elle est éclairée, dans le milieu, par un petit dôme, dont la coupole, peinte par Restout, père, en 1730, représente l'apothéose de Saint-Augustin. La perspective du fond est de Lajoue. Les bustes des grands hommes sont de Coisevox. On y voit celui de l'astronome Pingré, dernier bibliothécaire de ce dépôt.

BIBLIOTHEQUE MAZARINE,

ou des Quatre-Nations.

Elle est ouverte tous les jours, depuis dix heures jusqu'à deux, excepté le dimanche.

Elle est publique, depuis cent onze ans, et contient environ 60 mille volumes.

BIBLIOTHÈQUE

de l'Institut National.

Elle est ouverte tous les jours, depuis neuf heures jusqu'à deux, et, le soir des jours de séance, depuis quatre jusqu'à dix, pour les membres associés. Pour le public, depuis neuf heures jusqu'à deux, tous les jeudis.

BIBLIOTHÈQUE
ET GALERIE D'HISTOIRE NATURELLE.

Au jardin des Plantes.

Les galeries et la bibliothèque d'histoire naturelle sont ouvertes, au public, les mardis et vendredis de chaque semaine, depuis trois heures jusqu'à la nuit, pendant l'hiver, et depuis quatre heures jusqu'à sept pendant le printemps et l'été.

Les lundis, mercredis et samedis sont consacrés aux étudians, depuis onze heures jusqu'à deux.

Le jardin des plantes et la ménagerie sont ouverts tous les jours.

Le cabinet d'histoire naturelle occupe les bâtimens qui sont à droite en entrant par la grille, formant l'entrée par la rue du jardin des Plantes.

La première pièce est composée du règne végétal.

La deuxième du règne minéral.

La troisième, de coquillages, papillons, insectes, oiseaux.

La quatrième, des singes et autres animaux, etc. (1)

La Ménagerie est à droite, en entrant du côté de la rivière. C'est là où l'on voit la lionne et ses lionceaux, et autres animaux.

Les éléphants et les chameaux se voient au fond de la cour, à droite, dans la même direction.

---

(1) On se procure à peu de frais, au cabinet, une notice détaillée de tout ce qu'il contient.

MUSÉE CENTRAL DES ARTS.

Au Louvre.

Le Musée central des Arts est ouvert au public les samedis et dimanche de chaque semaine. C'est là que sont réunis les chefs-d'œuvres des plus grands maîtres en sculpture et en peinture.

Le Musée s'est considérablement enrichi des conquêtes que nous avons faites en Italie : le Laocoon, l'Apollon du Belvédère, la Vénus de Médicis, etc.; les tableaux de Raphaël et de Rubens y attirent avec affluence les habitans de la capitale, des départemens, et les amateurs et artistes étrangers.

MUSÉE NATIONAL
DES MONUMENS FRANÇAIS.

Rue des Petits-Augustins.

Ce Musée est formé de la réunion des

monumens qui étoient placés dans différentes églises de Paris, et qu'on a pu soustraire à la fureur des Vandales qui, pendant le règne désastreux de la terreur, confondoient tout dans leur rage destructive.

Ces monumens sont divisés par siècles ; et cette division offre à l'amateur les progrès successifs de la sculpture, et des objets curieux de comparaison.

Ce Musée est ouvert au public les dimanches et jeudis, depuis dix heures jusqu'à quatre. Les étrangers et voyageurs y sont admis tous les jours aux mêmes heures.

INSTITUT NATIONAL

DES SCIENCES ET ARTS.

Au Louvre.

Cet institut, formé par la réunion de savans, de gens de lettres et d'artistes les plus renommés, remplace l'académie française et celle des sciences, et a pour objet l'avancement et le progrès des sciences, soit par les travaux particuliers de ses membres, soit par les encouragemens qu'elle fournit aux savans et artistes nationaux et étrangers.

L'Institut est composé de cent quarante-quatre membres résidans à Paris, d'un égal nombre répandu dans les départemens, et de savans étrangers, qu'il s'associe, au nombre de vingt-quatre. Il est divisé en trois classes; savoir :

Les sciences physiques et mathématiques;

Sciences morales et politiques;

Littérature et beaux-arts.

Chacune de ces classes est divisée en plusieurs sections.

L'Institut tient une séance publique le premier mardi de chaque trimestre.

SOCIÉTÉS LITTÉRAIRES.

Il existe à Paris plusieurs sociétés littéraires, d'abord connues sous le nom de *Lycée :* elles ont adopté depuis peu celui d'*Athénée*. Les plus renommées sont :

L'ATHÉNÉE DE PARIS.

Rue de Valois.

Cet Athénée, connu depuis douze ans sous le nom de *Lycée Républicain*, et qui compte parmi ses fondateurs des gens de lettres du premier mérite, est composé d'une société nombreuse et choisie de personnes qui consacrent leurs loisirs à la culture des sciences et des lettres.

Cet établissement réunit l'utile à l'agréable. On y trouve un local vaste et commode ; une bibliothèque bien choisie ; et des professeurs distingués y donnent alternativement des leçons de littérature, chimie, physique, histoire naturelle, géographie, histoire, morale, anatomie et physiologie; langue anglaise; langue italienne, etc.

C'est le célèbre Laharpe qui fait le cours de littérature, et Fourcroi le cours de chimie.

Les cours sont ouverts tous les jours depuis le 11 frimaire, jusqu'au 30 messidor.

Nous engageons les étrangers qui pourroient faire quelque séjour à Paris, à s'abonner à cette société, qui se tient rue et passage Valois, au coin de la rue Saint-Honoré, n°. 1075. Le secrétaire de l'Athénée, qui demeure dans la maison, indique les conditions de l'abonnement.

ATHÉNÉE DES ARTS.

A l'Oratoire, rue Saint-Honoré.

Cet Athénée, dont l'objet principal est l'encouragement des arts, la perfection des inventions utiles, a aussi des des cours dirigés par d'habiles professeurs, et compte parmi ses membres plusieurs littérateurs distingués. Cet Athénée tient ses séances à l'Oratoire, rue Saint-Honoré.

INSTITUTION
DES SOURDS ET MUETS.

Au haut de la rue St.-Jacques.

Tout le monde sait que c'est à l'abbé de l'Épée que l'humanité doit cette belle institution, qui a donné une nouvelle vie à ces infortunés, que la nature a privés des organes de la parole et de l'ouïe. Par des procédés aussi simples qu'ingénieux, on parvient à apprendre aux sourds et muets de naissance, non-seulement à lire et à écrire, mais encore les règles les plus compliquées de l'arithmétique, et à leur faire comprendre les idées les plus abstraites de la métaphysique. L'abbé Sicard, digne successeur de l'abbé de l'Épée, continue de diriger cet établissement, protégé et encouragé par le gouvernement.

Les étrangers peuvent assister aux leçons données aux sourds et muets, tous les jours, depuis dix heures jusqu'à deux.

ÉCOLE DE CHIRURGIE.

Rue des Cordeliers, quartier Saint-Jacques.

C'est dans cette école que plus de

douze cents élèves français ou étrangers sont instruits gratuitement, aux dépens du gouvernement, dans l'art de la chirurgie.

Les bâtimens de cette école méritent de fixer l'attention des amateurs de la belle architecture.

Ce majestueux édifice présente un péristyle, à quatre rangs de colonnes ioniques, supportant un attique, qui contient la bibliothèque et le cabinet d'anatomie. Au-dessus du péristyle est un bas relief de trente-un pieds de long, où l'on voit le génie de la France, accompagné de Minerve et de la Générosité, offrant le plan de l'école à la Chirurgie, accompagnée de la Prudence et de la Vigilance. Cinq médaillons offrent les portraits des célèbres Petit, Maréchal, Pitard, Lapeyronie et Paré. Les peintures de l'intérieur sont de Gibelin. L'amphithéâtre peut contenir douze cents personnes.

ÉCOLE DE NATATION.

Cette école est rue de l'Université, n°. 362, division de Grenelle.

HOTEL DES MONNAIES.

CABINET DE MINÉRALOGIE.

Quai Voltaire.

Ce monument, curieux par sa superbe architecture, renferme un cabinet précieux de minéralogie, qui est ouvert au public depuis dix heures du matin jusqu'à deux ; il est situé dans la principale pièce de l'avant-corps de l'hôtel des Monnaies, du côté du quai. Il fut formé en 1778, avec la collection que le fameux Lesage fut dix-huit ans à recueillir. Le milieu de ce cabinet est occupé par un amphithéâtre pouvant contenir environ deux cents personnes. Des armoires vitrées renferment, dans le plus bel ordre, les minéraux de presque toute la terre. Quatre autres armoires isolées, placées dans les autres entrecolonnemens, offrent des modèles de machines. Un des cabinets renferme les analyses des objets déposés dans celui de la minéralogie. Sur le premier palier de l'escalier qui conduit à la galerie, est le buste de M. Sage, qui a été consacré par la reconnoissance de ses élèves. Cette galerie est environnée d'armoires qui renferment les échantillons des mines, trop nombreux pour être déposés à la suite de ceux qui sont dans le premier cabinet des mines. La coupole qui s'élève au-dessus, est enrichie de caissons peints et rehaussés d'or, avec une large bordure et une corniche sur le plafond. L'intérieur de ce cabinet est de quarante-cinq pieds de long, sur trente-huit de large, et quarante d'élévation.

CONSERVATOIRE DE MUSIQUE.

Faubourg Poissonnière.

Cet établissement est consacré à former des élèves dans la musique. De savans professeurs dans toutes les branches de cet art intéressant sont payés par le gouvernement, qui fait seul les frais de cette brillante école : il se fait tous les ans une distribution de prix aux élèves qui les ont mérités, en présence du ministre de l'intérieur. Cette distribution est précédée d'un concert qui est exécuté avec toute la précision qu'on peut attendre d'une pareille réunion de musiciens.

PALAIS DU LOUVRE.

Ce Palais qui fut, dit-on, commencé par Philippe-Auguste, a été successivement augmenté par ses successeurs, François I.ᵉʳ, Henri II, Henri IV, Louis XII, ont fait bâtir ce qu'on appelle le vieux Louvre. Louis XIV fit construire le nouveau Louvre en 1665, et la fameuse colonnade qui forme la façade du côté de Saint-Germain-l'Auxerrois a été exécutée sur les dessins de *Claude Perault*, que ce chef-d'œuvre a immortalisé. Toute cette façade, de l'aspect le plus noble et le plus imposant, forme un des plus magnifiques morceaux d'architecture qui existe en Europe.

PALAIS ET JARDIN DES TUILERIES.

Ce palais, commencé par les ordres de Marie de Médicis, fut achevé par Louis XIV. Depuis qu'il est habité par le premier Consul on a dégagé la place du Carousel des maisons qui masquoient la façade du château, et la vaste cour qui lui sert d'entrée a été ornée d'une superbe grille de fer. Ce palais est actuellement un des plus beaux de l'Europe.

Le jardin, chef-d'œuvre du fameux Lenôtre, tient à juste titre le premier rang parmi les promenades publiques de la capitale, tant par son exposition sur le bord de la Seine, que par son ingénieuse distribution et le grand nombre de statues dont il est décoré. Comme il il existe beaucoup de notices très-détaillées de tout ce que le palais et le jardin contiennent de curieux, nous nous bornerons à indiquer au voyageur les principales statues qui s'y trouvent.

Sur la terrasse du côté de la rivière, sont : 1.° VÉNUS sortant bain. 2°. L'APOLLON du BELVÉDÈRE. 3.° Le groupe de LAOCOON, par Polidore, Agésandre et Athénodore. 4.° La DIANE nommée par les antiquaires, *Succincta*. 5.° HERCULE portant Ajax.

En face du Palais National. 1.° Le MIRMILLE, ou le gladiateur mourant. 2.° Le GLADIATEUR vainqueur. 3.° L'ÉCORCHEUR DE MARSIAS, appelé vulgairement le *Rémouleur*. 4.° VÉNUS dite à la *Coquille*, accroupie et sortant du bain. Toutes ces figures sont en bronze.

Allée en face du parterre, en venant de la terrasse de la rivière, 1.° La FLORE FARNÈZE ou Muze. 2.° CASTOR et Pollux. 3.º Bacchus instruisant le jeune Hercule. 4.º Une Diane.

Salle de gazon, côté du manège, Hyppomène et Atalante. Au fond est un Apollon, en-avant d'un fer-à-cheval décoré d'un Sphinx thébain à chaque extrémité.

Salle parallèle, côté de la rivière, Apollon et Daphné, et, au fond, la Vénus *Callipyga*, c'est-à-dire *aux belles fesses.*

Salle des maronniers, côté du manège : le Centaure.

Au côté opposé : les Lutteurs, par *Maguin.*

Plus loin, du même côté, un Sanglier.

Dans la niche, sous l'escalier du milieu de la terrasse, côté de la rivière, la statue de Cléopatre, couchée, ayant autour du bras droit l'aspic avec lequel elle se donne la mort.

Allée des orangers, côté de la place de la Concorde, le Méléagre, statue antique, justement admirée. Au bout de cette même allée, en face, le jeune *Papyrius* et sa mère.

Terrasse du manège, côté de l'escalier, l'Hercule Farnèse.

Dans la niche, à droite, en face du bassin octogone, un Faune *portant un chevreau.*. Dans celle à gauche, le Mercure Farnèse.

Les chevaux de Marly sont à l'entrée des Champs-Élysées.

On trouve encore dans ce magnifique jardin des chefs-d'œuvres modernes, qui attestent le degré de perfection où les arts ont été portés dans ce dernier siècle; tels que le Joueur de Flute de *Coisevox*; une Hamadriade, une Flore, le repos du Chasseur, deux Nymphes Chasseusses, par *Coslou*; plusieurs Vases; l'enlèvement de

Cybèle par Saturne; Arria et Poetus, l'enlèvement d'Orythie; la piété filiale, ou Enée emportant son père et ses pénates. Autour du grand bassin octogone, en entrant par les Champs-Élysées, Vertumne ou l'Automne, Flore ou le Printemps, Scipion l'Africain, par *Nicolas Coslou*; Agrippine, Silène. Formant le parallèle à ces dernières : Annibal, par *Sébastien Slodtz*; l'Hiver, Cérès, une Vestale, par *Legros*; Bacchus. Quatre groupes, représentant le Nil, le Rhône et la Saône, la Seine et la Marne, par *Coslou l'aîné*; le Tibre, par *Vauclève*, ornent le pourtour du bassin. Sur les terrasses qui le dominent sont placés Apollon et les Neuf Muses.

PALAIS DU TRIBUNAT,

CI-DEVANT ROYAL.

Ce palais fut bâti par le cardinal de Richelieu, qui, à sa mort le légua au roi Louis XIII. Louis XIV en fit don à Philippe d'Orléans, régent, qui le donna en apanage à son fils. Le dernier duc d'Orléans y fit de grands changemens, et le fit construire tel qu'on le voit aujourd'hui.

Le jardin, bien planté et orné de superbes orangers, est le rendez-vous général des étrangers, sa situation au centre des plaisirs et des affaires, ces boutiques élégantes, qui offrent sans cesse les productions des arts, du luxe et du commerce, les cafés richement décorés, les libraires, les jeux, les spectacles, ces longues galeries couvertes, où circulent en tout temps une foule de nymphes agaçantes, vêtues avec autant de luxe que d'élégance ; tout concourt à faire de ce palais un séjour enchanté.

PALAIS DU LUXEMBOURG.

Cet édifice, destiné au Sénat Conservateur, n'est pas encore totalement achevé, l'architecture, où l'on a employé l'ordre Toscan, est noble et majestueuse.

Le jardin, qui a été replanté depuis peu de temps sur de nouveaux dessins et embelli par un grand nombre de statues, est actuellement une des belles promenades de Paris.

PANTHÉON;

CI-DEVANT SAINTE – GENEVIÈVE.

Ce monument, digne de l'admiration de tous les voyageurs, est situé au haut de la rue Saint-Jacques. Il s'annonce par un péristyle de vingt-deux colonnes corinthiennes, dont dix-huit sont de cinquante-huit pieds trois pouces de hauteur, et par un dôme, présentant un temple circulaire, formé de cinquante-deux colonnes de cinquante-quatre pieds de haut, supportées par un stylobate circulaire, posé sur un soubassement octogone. Autour règne une terrasse bordée d'une balustrade en fer. La coupole au-dessus de l'attique offre des côtes saillantes. Elle doit être surmontée d'une Renommée en bronze, de vingt-huit pieds de hauteur, pesant cinquante-deux milliers. A l'extrémité de cette coupole est une seconde galerie, élevée de cent soixante-six pieds au-dessus du niveau de la place, et sur laquelle on jouit de la plus imposante perspective.

L'intérieur est composé de quatre nefs, au milieu desquelles est un dôme.

Elles sont décorées de cent trente colonnes cannelées, d'ordre corinthien, de vingt-sept pieds huit pouces de hauteur; elles supportent un entablement qui sert de base à des tribunes bordées de balustrades en pierres. L'intérieur du dôme offre seize colonnes, avec des vitraux dans les entre-colonnemens, et supportent un voûte sphérique, dont le milieu offre une ouverture surmontée d'une seconde voûte plus élevée.

ODÉON.

L'Odéon étoit une salle destinée au théâtre français et qui a été consumée par les flammes : ce qui reste de son architecture extérieure mérite d'être visité par les artistes et les amateurs.

OBSERVATOIRE.

Barrière d'Enfer.

Ce bâtiment, aussi singulier que magnifique, porte dans son ensemble et dans ses détails le caractère noble et simple qui convient aux usages scientifiques auxquels il est destiné ; on n'a employé ni fer ni bois dans sa construction. C'est là que se font les observations astronomiques. On y trouve une bibliothèque complette d'astronomie. On y voit 1.° une carte universelle en cercle, gravée sur le pavé d'une des salles, par Chazelles et Sédillau ; 2.° la salle des secrets ; 3.° au nord et au midi, deux embrasures ou fentes pour l'observation des astres ; 4.° un escalier en coquille, qui laisse un vide à la place du noyau, et forme un puits de cent soixante-dix pieds de profondeur, au fond duquel on peut voir la lumière. C'est de ce puits qu'on observe les dégrés d'accélération dans la descente des corps. 5.° Les caves qui conduisent à plus de cinquante rues formées par des carrières ; 6.° dans une de ces caves, l'eau qui se pétrifie en filtrant à-travers le roc, qui en forme le ciel. Trois astronomes sont toujours en activité à l'Observatoire.

ÉCOLE MILITAIRE.

Cet édifice bâti, en 1751, sur les dessins de Gabriel, est terminé par un entablement corinthien. L'avant-corps est formé de deux grandes colonnes de toute sa hauteur. Au-dessus est un dôme avec un cadran et les figures du Temps et de l'Astronomie. On y entre par trois portes. La cour est environnée de galeries formées par des colonnes accouplées. Au-bas du grand escalier sont quatre figures en pied.

La salle du conseil a quatre tableaux représentant les batailles de Fontenoi et de Laufelt; les siéges de Tournay et de Fribourg ; et trois dessus de portes, où sont peints les sièges de Menin, d'Ypres et de Furnes.

La façade s'annonce par un longue grille, avec deux bâtimens isolés au milieu. Les faces avancées offrent deux frontons peints à fresque par Gibelin, imitant le relief jusqu'à l'illusion. Une machine hydraulique y donne par heure, dans un grand réservoir, plus de quarante muids d'eau, qui est distribuée par-tout dans cette maison.

CHAMP DE MARS.

Terrain vaste et régulier placé devant l'école militaire, et entouré de fossés revêtus en maçonnerie; ils sont bordés intérieurement et extérieurement d'une double rangée d'arbres, qui s'étend depuis la façade de l'école militaire jusqu'au bord de la Seine.

C'est dans cet emplacement que se fit la fameuse confédération de l'année 1790.

HOTEL DES INVALIDES.

Cinq cours uniformes, environnées de bâtimens, composent ce majestueux édifice, projeté par Henri IV, exécuté par Louis XIV.

On admire dans ce vaste édifice : 1.° la cour du milieu, composée de deux rangs d'arcades, formant des galeries qui éclairent les logemens du pourtour ; 2.° l'horloge à équation, par le célèbre Lepautre ; 3.° le dôme, environné, à l'extérieur, de quarante colonnes d'ordre composite, couvert en plomb, et orné de douze côtes dorées, et d'une lanterne à colonnes, qui soutient une pyramide surmontée d'une boulé. (La hauteur de ce dôme est de trois cents pieds.) 4.° les cuisines, dont l'étendue est immense ; 5.° les quatre grands réfectoires, ornés de tableaux représentans les conquêtes de Louis XIV ; 5.° le pavé du dôme, qui est intact, et offre un riche compartiment de différens marbres très-précieux.

C'est dans l'église des invalides qu'ont été déposés les restes de Turenne, qui reposoient jadis à Saint-Denis avec la cendre des rois.

PALAIS DE JUSTICE.

Ce palais offre, sur une place demi-circulaire, une grille de vingt toises de long, au travers de laquelle paraît une vaste cour formée par deux ailes de bâtimens neufs et par une façade majestueuse, du milieu de laquelle on entre dans l'intérieur du palais.

Cette grille, ornée de guirlandes et autres ornemens dorés, a trois grandes portes, et, à chaque bout, un pavillon décoré de quatre colonnes doriques. Du côté du pont Saint-Michel est un prolongement orné d'un superbe bas-relief. Au-dessus du perron est un avant-corps avec quatre colonnes doriques, une balustrade au-dessus de l'entablement, quatre statues à l'aplomb des colonnes, et un dôme carré derrière.

Le perron conduit à la galerie Mercière, ayant d'un côté la Sainte-Chapelle, et de l'autre la salle des procureurs ; cette salle, unique en France pour son étendue, offre des boutiques de comestibles et de livres. Le plafond de la grand'chambre est fait en placages de bois de chêne, terminé en cul-de-lampe.

HALLES AUX FARINES.

La forme circulaire de ce monument, la simplicité de son architecture répond parfaitement à l'objet pour lequel il est destiné. Ce bâtiment isolé est percé de vingt-cinq arcades de dix pieds d'ouverture, six servent de passage et répondent à autant de rues terminées par des carrefours.

FONTAINE DES INNOCENS.

Cette fontaine est un des monumens les plus réguliers de Paris, tant par la beauté de son architecture corinthienne, que par l'excellence des sculptures en bas-relief. La Galathée qui est sur la face principale est regardée comme un morceau achevé.

ÉGLISE DE NOTRE-DAME.

Cette église, une des plus vastes de l'Europe, a soixante-cinq toises de longueur sur vingt-quatre de largeur et dix-sept de hauteur, elle est soutenue par cent vingt piliers, qui forment une double allée qui règne dans tout son pourtour. La révolution ayant fait disparaître les tableaux précieux qui décoroient la nef et les autres ornemens de cette antique basilique, nous n'en parlons ici que comme monument d'ancienne architecture. On y voit encore les stalles du chœur, qui sont remarquables par des sculptures en bas-relief d'un fini précieux.

LE TEMPLE.

Le temple sert de prison à ceux qui sont prévenus de délits contre le gouvernement. C'est dans cette prison que fut renfermée Louis XVI et sa famille, et d'où il ne sortit que pour monter à l'échafaud.

HOSPICES NATIONAUX.

HÔTEL-DIEU,

Rue du Marché-Palu.

Il fut brûlé le 2 août 1737, et le 30 décembre 1772.

SAINT-LOUIS,

Au-haut de la rue de Bondy.

Il fut commencé en 1607. On y transfère les malades de l'Hôtel-Dieu attaqués de maladies contagieuses.

DU NOM DE JÉSUS.

Près l'église Saint-Laurent.

Cet utile établissement est dû aux soins de Saint-Vincent de Paule, si justement célèbre par son zèle et sa charité envers les pauvres et les malades.

DE LA CHARITÉ,

Rue des Saints-Pères.

Établi en 1692, pour les hommes, par Marie de Médicis.

DE LA ROCHETTE,

Faubourg Saint-Antoine, rue de ce nom.

DE LA PITIÉ,

Rue Fossés-Saint-Victor, derrière le Jardin-des-Plantes.

Refuge des enfans indigens.

DES ENFANS-TROUVÉS,

Faubourg Saint-Antoine.

Bâti en 1776.

DE SAINT—SULPICE,

Rue de Sèvre.

Bâti par madame Necker, pour cent vingt malades et huit blessés.

DES INCURABLES.

Cet hospice renferme plusieurs promenades, dont la plus vaste est publique, tous les jours jusqu'à 5 heures. Elle a soixante-dix toises de long sur douze de large.

DE LA SALPÊTRIÈRE.

Cet édifice immense, qui s'annonce par une façade de cinquante-sept croisées, terminée par deux pavillons, a été bâti par Louis XIII. On y compte jusqu'à seize cents filles, occupées à travailler en linge et en dentelles. On y reçoit des vieillards mariés, des folles, des femmes imbécilles.

DE BEAUJON,

Rue du faubourg du Roule.

DE COCHIN,

Rue et barrière d'Enfer.

Il y a plusieurs maisons particulières où l'on reçoit en pension les infirmes et les foux. Une de ces dernières est celle de madame Simon, rue de la Clef, en face de la cazerne.

PONTS.

PONT-NEUF,

Bâti en 1678. Il a soixante-dix toises de long sur douze de large.

NATIONAL,

Vis-à-vis les Tuileries.

Bâti sous Louis XIV, pour remplacer le pont de bois que la débâcle de 1684 avait emporté.

DE LA CONCORDE,

Vis-à-vis la place de ce nom et le conseil du Corps législatif.

Il fut achevé en 1790. L'arche du milieu a quatre-vingt-seize pieds d'ouverture.

AU CHANGE,

Jadis le Grand-Pont, et le Pont-aux-Oiseaux.

Incendié en 1621 et en 1639 ; il fut reconstruit en pierre en 1647, reparé en 1788 et débarrassé des maisons qu'il portoit.

SAINT-MICHEL,

Bâti en pierre sous Charles VI, et rebâti en 1618. Longueur, trente-huit toises ; largeur, dix.

NOTRE-DAME,

dit, au quatorzième siècle, pont de la Planche-Mibray,

Rebâti sur les plans du cordelier Joconde, sous Louis XII, en 1499. Les soixante-une maisons en brique qu'il portait furent abattues en 1786.

PETIT-PONT.

Il fut entraîné huit fois par les eaux, et incendié, en quatre heures, avec toutes les maisons qu'il portait, en 1718, par deux bateaux de foin enflammé, qui s'arrêtèrent sous ses arches ; il fut reconstruit sans maisons, en 1719.

MARIE.

Ainsi nommé du nom de l'entrepreneur des ponts et chaussées, qui le bâtit, sous Henri IV ; en partie démoli en 1658, il fut reparé, et tout-à-fait débarrassé des maisons, 1789.

DE LA TOURNELLE,

Dans l'alignement du précédent.

Ainsi nommé du château qui touche à la porte Saint-Bernard.

PORTES.

Les seules portes remarquables à Paris, sont celles de St.-Denis et St.-Martin, qui se trouvent au bout des rues de ce nom, à l'endroit où elles sont coupées par le boulevard. Ce sont deux magnifiques arcs de triomphe élevés en l'honneur des victoires de Louis XIV ; les bas-reliefs, représentant plusieurs sujets allégoriques, sont des chefs-d'œuvres en ce genre.

CHAPITRE IV.

Théâtres. — Spectacles. — Jardins publics. — Panorama, et autres objets de curiosité, ainsi que diverses indications générales.

THÉATRE DE L'OPÉRA

DIT DES ARTS,

Rue de Richelieu.

Ce spectacle, qui peut être regardé comme le premier de l'Europe, réunit tout ce qui peut flatter les yeux et les oreilles, la magnificence et la pompe des décorations, la richesse des costumes, la beauté de la musique, le talent des acteurs, tout contribue à faire de l'Opéra un spectacle enchanteur.

La danse sur-tout est portée au plus haut dégré de perfection.

Les ballets de Pâris, de Psyché, de Télémaque, la Dansomanie, sont ceux qui attirent toujours à juste titre la foule des amateurs.

Les jours de représentation sont fixés au dimanche, mardi et jeudi de chaque semaine.

THÉATRE FRANÇAIS.

Rue de la Loi.

C'est sur ce théâtre que sont représentés, d'une manière digne de leurs auteurs, les chefs-d'œuvres de Corneille, Racine, Voltaire, Molière, Regnard, etc. C'est à ce théâtre que l'étranger prendra une idée juste de la scène française, et des progrès de l'art dramatique en France. Les grands artistes de ce théâtre ont acquis assez de célébrité sans qu'il soit nécessaire de les nommer, et il n'appartient point à un faiseur de notices, de prononcer sur le plus ou moins de talent de chaque acteur ; l'étranger, avec des lumières et du goût, saura payer à chacun le tribut d'admiration qui lui est dû.

Dans la nouvelle construction de la salle on a sacrifié la commodité du spectateur à la beauté du monument, les loges sont divisées par colonnes, ce qui forme un beau point de vue pour l'œil du parterre, mais ce qui les rend peu avantageuses à ceux qui les occupent.

THÉATRE

DE L'OPÉRA-COMIQUE NATIONAL,

Rue Feydeau.

Ce théâtre, qui a éprouvé beaucoup de changemens dans son administration, est actuellement composé des artistes réunis des théâtres Italiens et Feydeau.

Une musique agréable, exécutée par un des meilleurs orchestres de la capitale, des pièces le plus souvent d'un genre gai et comique, jouées par des artistes qui joignent le talent dramatique à un chant aussi pur que mélodieux ; tels sont les agrémens que l'étranger trouvera au théâtre de l'Opéra-Comique national.

THÉATRE DU VAUDEVILLE,

Rue de Chartres, vis-à-vis le palais du Tribunat.

C'est à ce théâtre que se déploie la gaîté de l'esprit Français ; la plupart des pièces, fondées sur quelques traits ou anecdotes, sont semées de couplets souvent très-gais, très-agréables, et par fois mordants ; c'est là que dans un malin vaudeville on fronde les ridicules du jour, et la gaîté adoucit le trait trop aigu.

Ce spectacle est digne, à tous égards, d'être mis au rang des plaisirs que la capitale peut offrir aux étrangers qui la visitent.

THÉATRE DE LOUVOIS.

Rue de Louvois, près le théâtre du grand Opéra.

Ce théâtre compose son repertoire d'un grand nombre de pièces qui sont regardées communément comme d'un genre trop peu élevé pour mériter d'être représentées sur la scène française par excellence. Ce spectacle, qui s'honnore du nom de petite maison de Thalie, a pour directeur Picard, qui est l'auteur de plus de la moitié des pièces qui s'y jouent. Le bon choix, la gaîté décente des pièces, le zèle et les talens des artistes de ce théâtre, rassemblent chaque soir à la petite maison de Thalie une société nombreuse. La salle est élégante et commode, le foyer très-petit mais très-orné.

OPÉRA BUFFA,

AU THÉATRE DES ITALIENS,

Rue Favart.

C'est à ce théâtre que s'exécutent, avec tout le goût et la précision possible, les chefs-d'œuvres en musique des plus fameux compositeurs d'Italie.

Des virtuoses et des cantatrices célèbres y charment les auditeurs par la ravisante harmonie de leurs accords mélodieux. Les amateurs de musique trouveront à ce spectacle de quoi satisfaire leur goût et varier leurs plaisirs. Le portique de ce théâtre est remarquable par sa belle architecture.

THÉATRE DES VARIÉTÉS,

PALAIS DU TRIBUNAT,

connu aussi sous le nom de Théâtre Montansier.

Ce théâtre est consacré spécialement aux pièces bouffonnes et d'une gaîté folle, qui deviennent encore plus comiques par le jeu vraiment original des deux principaux acteurs, Brunet et Tiercelin. Fidèle à son titre de variétés, ce théâtre joue quatre pièces et quelquefois cinq par jour. Étranger, si vous voulez rire, allez à ce spectacle, et si les pièces ne satisfont pas votre esprit, la vue de deux cents jolies femmes, qui circulent dans un foyer élégant, vous dédommagera du temps que vous aurez perdu.

THÉATRE

DE L'AMBIGU-COMIQUE,

Boulevard du Temple.

Ce théâtre tient le premier rang parmi les petits spectacles; on y joue, avec beaucoup de soin, drames, pantomimes, comédies, vaudevilles, et quelques petits opéras. Les acteurs ne sont pas sans talent, et le directeur met tout ses soins pour satisfaire le public.

THÉATRE DE LA GAITÉ,

Boulevard du Temple.

Ce théâtre, qui fut renommé du temps de Nicolet, rivalise aujourd'hui avec celui de l'Ambigu, avec lequel cependant il soutient mal la concurrence. Ceux qui veulent voir de tout y peuvent aller voir les pièces vraiment extraordinaires qui se jouent sur ce théâtre.

THÉATRE

DES JEUNES ÉLÈVES.

Rue de Thionville.

Ce théâtre, comme l'annonce son titre, est composé de jeunes élèves, qui s'exercent dans l'art dramatique ; ces jeunes gens ont du zèle et de l'intelligence, les pièces qu'ils jouent sont ordinairement de jolis petits vaudevilles, de petites comédies sentimentales, et des ouvrages anciens remis au théâtre.

THÉATRE

DES JEUNES ARTISTES.

Boulevard Saint-Martin, au coin de la rue de Bondy.

Ce théâtre est dans le même genre que celui des Jeunes-Elèves de la rue de Thionville, dont nous le croyons une colonie dirigée par la même administration; quoi qu'il en soit, le spectacle est le même : des Vaudevilles, de petites comédies et de petits opéras.

Il existe encore plusieurs théâtres à Paris; mais comme leur existence n'est pas permanente, et leur administration sujette à beaucoup de variations, nous n'avons pas cru devoir en parler. Ceux qui veulent tout voir, pourront consulter les affiches journalières de ces spectacles.

PHANTASMAGORIE

DE ROBERTSON.

Rue et cour des Capucines, vis-à-vis la place Vendôme.

Un habile physicien a su embellir ses expériences, en leur donnant l'attrait du plaisir : Robertson, que son talent place au rang des premiers professeurs de physique, amuse ou effraye tous les jours une foule de curieux par des apparitions de spectres, de fantomes, de lutins, etc. Il est impossible que l'illusion soit portée à un plus haut degré. Son cabinet de physique est très-riche, et ses effets d'optique d'une galanterie vraiment française. Mais ce qui attire chez lui les amateurs et les professeurs les plus éclairés, ce sont les merveilleuses expériences du *galvanisme*, qu'il fait avec infiniment de précision.

Le citoyen Fitz-James contribue au plaisir de la soirée, en exécutant des scènes de ventriloque avec une vérité surprenante.

On y entend aussi l'harmonica de Franklin.

PANORAMA.

Enclos du jardin des Capucines, boulevard d'Antin.

C'est sous les deux rotondes bâties

à l'entrée du jardin, que l'on voit des tableaux d'optique d'un genre absolument neuf, et d'un effet surprenant; il est impossible d'imaginer et de décrire tout ce que ce nouveau spectacle offre de curieux et de piquant dans son ensemble et dans ses détails.

AMPHITHÉATRE

D'ÉQUITATION.

Jardin des Capucines, sur le boulevard.

Franconi et sa famille, dont l'habileté et les talens dans l'équitation sont connus dans toute la France, continue de donner à ces exercices tout l'intérêt et l'agrément dont ce genre de spectable est susceptible.

CABINET DE DÉMONSTRATION

DE PHYSIOLOGIE ET DE PATTOLOGIE.

Palais du tribunat, côté de la rue de la Loi, n°. 23, au premier.

Ce cabinet, un des plus curieux qu'on puisse trouver en ce genre, et qui peut seul tenir lieu du meilleur cours de morale, offre, dans la sage division qu'a donné à sa première pièce le citoyen Bertrand, ancien professeur de physiologie et d'accouchemens, toute la structure du corps humain, et les maladies auxquelles il est sujet; tout ce qui concerne les femmes, les maladies internes et externes, telles que la pulmonie, l'obstruction du pylore, celle du foie, la néphrétique, l'apoplexie, le miséréré, l'onanisme, et ses terribles résultats dans les deux sexes, les maladies vénériennes, et celles qui sont produites par l'excès de la continence; les sarcocèles, hydro-sarcocèles, varicocèles, anus artificiels, cancers, crystalines, fistules, polypes, etc. La partie pathologique de ce cabinet passe pour être supérieure à tout ce qu'il y a de ce genre, en Europe.

Tous ces objets sont en cire préparée, et si parfaitement imités, qu'en croyant voir la nature elle-même, l'artiste a épargné à votre cœur, à votre odorat, ce qu'elle auroit de rebutant et de terrible. Une autre pièce, qui ne s'ouvre qu'aux artistes et aux philosophes, présente les phénomènes dans la génération, les hermaphrodites, les eunuques, *varias mentularum formas, morbos et duplicem coeundi modum.* Une autre pièce offre les fœtus-monstres, et les déplorables effets de la débauche.

La politesse, le zèle et la clarté avec lesquels le citoyen Bertrand explique tous les objets qu'il place sous vos yeux, la justesse des inscriptions placées au-dessus des tableaux, l'art du figuriste, le talent du professeur, tout met ce cabinet au-dessus des éloges. C'est, sans contredit, une excellente école de sagesse et de physiologie.

Le prix de l'entrée est d'un franc 50 centimes, et c'est trop peu payer d'utiles leçons, et la vue de ces chefs-d'œuvres divers. Il est ouvert, depuis neuf heures du matin jusqu'à la nuit.

JARDINS PUBLICS.

L'étranger qui aime à se promener, après avoir admiré tous les lieux qui sont ouverts au public, peut encore, pour son argent, fréquenter ces jardins, que les anciens propriétaires avoient fait planter à grands frais pour eux seuls, et où vont à présent s'amuser, pour une somme modique, bien des personnes qui ne devoient point espérer d'y avoir jamais leurs entrées.

Les entrepreneurs de ces fêtes modernes emploient à-peu-près les mêmes moyens pour attirer la foule. Ce sont toujours des danses, des feux d'artifice, des illuminations; quelquefois des pantomimes exécutées sur des théâtres en plein air, ou des ascensions d'aéronautes, qui, jusqu'à présent, ont toujours réussi.

Tivoli ou jardin Boutin, rue de Clichi.

Ce jardin est moitié français et moitié anglais. Il est très-vaste et très-beau. C'est un séjour charmant, embelli par l'art et la nature. Des affiches journalières indiquent la nature des amusemens qu'on y trouve, et les jours où l'on y donne des fêtes.

Jardin Marbeuf, grille de Chaillot.

Celui-ci est entièrement dans le genre anglais. C'est un des plus curieux et des plus pittoresques.

Mousseaux, barrière de ce nom.

On y voit des montagnes, des ruines, des rivières, etc., etc.; enfin, tous les efforts de l'art pour imiter les jeux de la nature.

Jardin de l'Élysée-Bourbon ou hameau de Chantilly, aux Champs-Élysées.

Il offre une promenade charmante, par le goût avec lequel l'art en a varié les agrémens.

Jardin Biron, rue de Varenne, faubourg Saint-Germain.

Il est le plus vaste et le plus élégant des jardins de l'intérieur de Paris.

Ruggiéry, faubourg Saint-Lazare.

On voit toujours avec plaisir ses jolis feux d'artifice.

Paphos, boulevard du Temple.

Ce jardin, de peu d'étendue, est accompagné d'une rotonde où l'on danse dans la mauvaise saison. Grand nombre de femmes, aussi faciles que jolies, embellissent ce jardin, et y attirent la foule.

Des affiches indiquent les jours où ces différens lieux de rassemblement sont ouverts au public.

Frascati, rue de la Loi, près le boulevard.

Ce jardin est le rendez-vous des élégants et élégantes de la capitale ; c'est là que le luxe étale toutes ses richesses, la mode ses nouveautés, et fait adopter tous ses caprices.

Le jardin est petit, mais décoré avec goût, et des glaces disposées avec art réflètent les lumières, et agrandissent l'espace. Les appartemens y sont meublés avec un luxe et une richesse qui ne se trouvoient autrefois que dans les palais des princes. Aucun établissement public n'offre rien de comparable en ce genre. On y entre tous les jours, sans rétribution, moyennant une mise décente, excepté cependant les jours qu'on y donne des fêtes qui sont annoncées par des affiches.

Pavillon d'Hanovre, sur le boulevard d'Antin.

Cet établissement est dans le même genre que celui de Frascati, et offre aussi un assez beau jardin et des appartemens somptueux ; mais il est beaucoup moins fréquenté.

BAINS PUBLICS.

On trouve des bains dans les différens quartiers de Paris.

Les principaux emplacemens sur la rivière, sont :

Au bas du quai des Quatre-Nations, sur le quai des Morfondus, de la Ferraille, de l'Ecole, de la Grenouillère, et au bas du quai ci-devant Bourbon.

Les plus renommés sont ceux des Thermes ou bains Vigier ; ils sont situés sur la Seine, près la deuxième arche du pont ci-devant royal, en face du pavillon de Flore. Tout est neuf dans ce superbe établissement, et tout y est distribué avec élégance ; il ne laisse rien à désirer. Le service s'y fait avec honnêteté et décence ; le linge y est fort beau. Chaque côté du bateau est orné d'une allée de toute espèce d'arbres à fleurs, d'orangers et de plantes odoriférantes. Cet établissement mérite l'attention et l'admiration des étrangers et des habitans de Paris. Il est ouvert en tout temps et à toute heure du jour.

Au quai d'Orsay, en face des Tuileries, sont les bains du citoyen Albert. A l'imitation des Orientaux, on y prend des bains de vapeurs et des douches ascendantes ou descendantes, qui procurent un grand soulagement à une foule de maladies qui résistent à l'art de la médecine.

Au bas du Pont-Neuf, sont les bains de Poitevin, qui ont soutenu la juste réputation qu'ils se sont acquise.

Près le boulevard du Temple, se trouvent des bains fort agréables au Waux-hall d'été. — Ceux du Temple réunissent l'avantage d'un jardin très-vaste, dans lequel on se promène avant et après le bain.

Boulevard, chaussée d'Antin, sont les bains Chinois. — Le prix est de 3 fr. par bain, compris le linge. On y trouve des chambres artistement arrangées, où, après le bain, on se met dans un lit pour se reposer. On paie alors 1 fr. 50 centimes par heure.

CAFÉS.

Il y a dans Paris des Cafés superbes et délicieux par les plaisirs qu'ils réunissent ; mais ils ne sont pas tous également fréquentés. On va citer quelques-uns de ceux qui ont la vogue.

Le Café du caveau, palais du tribunat, est renommé pour les glaces à la française. La rotonde, qui est saillante dans le jardin, est toujours remplie de jolies femmes et d'amateurs de ce genre de friandises.

Le Café italien est renommé pour l'excellence du café qu'on y prend; celui de Foix pour ses liqueurs.

Le Café, dit des Aveugles, offre une bonne musique, exécutée par des aveugles.

Le Café des Mille-Colonnes présente un local superbe. La bière y est fort bonne.

On voit au palais du tribunat des cafés qui sont dans des caves, embellies par l'art. Le sauvage fait foule au caveau : de jolies petites comédies se jouent chez Mazières, à côté du théâtre de la République; mais le plus renommé de ces cafés souterrains, est le Café BOREL.

Sur les boulevards, on trouve aussi des cafés lyriques, et il en est d'autres où l'on joue de petites comédies.

En général on est très-bien servi dans tous les cafés du centre de Paris.

RESTAURATEURS,

Marchands de comestibles, pâtissiers.

La nomenclature de tous ceux qui font ce commerce lucratif, seroit aussi longue que fastidieuse. Nous indiquerons aux amateurs et connoisseurs le magasin dit des Américains, rue St. Honoré, et nombre d'autres qui se trouvent sous les galeries de pierre et de bois du Palais du Tribunat.

Les plus fameux restaurateurs du Palais du Tribunat sont Véri, Robert, Beauvilliers, qui jouissent d'une réputation distinguée parmi les amateurs de bonne chère. Rose, au boulevard italien, Yardin et Bancelin, à celui du Temple; Aurant, rue de la Michaudière; l'Épine, passage de Valois; Billiote, rue du Bacq, sont aussi très-renommés.

On trouve des pâtissiers dans tous les quartiers de Paris; mais de tous les quartiers de Paris, on vient acheter de la pâtisserie chez Rouget, vis-à-vis le café de la Régence; chez Nivet, rue de la Loi, vis-à-vis le théâtre de la République; chez Bailli, rue Vivienne, près le passage du théâtre Feydeau; et chez la veuve Thomas, boulevard du Temple, vis-à-vis la rue Charlot.

Le voyageur qui veut jouir de l'avantage de trouver un bon consommé, peut s'adresser au citoyen Prévost, rue d'Orléans, n°. 28, près la rue St. Honoré. Il vend avec succès des essences de viande, et donne un imprimé qui indique la manière de s'en servir.

HOTELS GARNIS.

Le nombre des hôtels garnis est proportionné au grand nombre d'étrangers qui affluent journellement à Paris. Nous nous bornerons à indiquer ceux qui jouissent de la plus grande renommée.

L'hôtel des Colonnes, rue de la Loi.

L'hôtel du Nord.

L'hôtel de l'Infantado, près le ministère de la marine.

L'hôtel Vendôme.

CABRIOLETS, FIACRES
ET VOITURES DE PLACE

Les fiacres sont plus élégans qu'ils

ne l'étoient autrefois; on en trouve dans tous les quartiers de Paris. Le prix de la course est fixé à 1 franc 50 cent.; à l'heure, 2 francs la première, et 1 franc 50 cent. les suivantes. Les cochers ont conservé l'habitude d'être insolens, surtout avec les femmes, ou les hommes qui ont un air pacifique. Celui qui croit avoir un sujet légitime de se plaindre d'eux, doit le traduire devant le commissaire de police le plus voisin, qui les punit toujours lorsqu'ils ont tort. La simple menace qu'on leur en fait, suffit souvent pour les rendre plus dociles.

Les cabriolets se sont multipliés d'une manière effrayante : comme rien ne les distingue à présent des cabriolets des particuliers, les jeunes-gens les préfèrent aux fiacres.

BOULEVARDS.

Paris est entouré par les vieux et nouveaux boulevards, dans une étendue de six mille quatre-vingt-trois toises.

Les vieux boulevards, au nord, appelés les grands boulevards, commencés en 1536, plantés en 1660, offrent quatre rangées d'arbres. Spectacles, musiciens, bateleurs, marionnettes, cafés, waux-halls, hôtels magnifiques, restaurateurs; l'industrie a tout rassemblé pour désennuyer et charmer les oisifs, depuis la place de la Bastille jusqu'à la rue de la Concorde

Les vieux boulevards, au midi, achevés en 1761, vont depuis depuis l'Observatoire jusqu'aux Invalides. Les allées y sont plus longues, plus larges, les arbres mieux venants. Ils présentent quelques jardins, tels que la *Nouvelle Pologne*, la *Chaumière*, où l'on danse; des jeux de boule et de balançoires, etc. Le côté de la ville offre quelques jolies maisons, et la vue porte sur les champs cultivés.

CHAMPS-ÉLYSÉES.

Les Champs-Élysées forment une superbe promenade plantée en quinconce. On y trouve, dans la belle saison, des restaurateurs, des guinguettes où l'on danse, des jeux de bagues, des balançoires, etc. Le tableau mouvant du peuple qui se porte en foule dans tous ces lieux consacrés au plaisir, le grand nombre de jolies femmes qui viennent pour voir et être vues, offrent un spectacle charmant, qui rend cette promenade infiniment agréable.

CHAPITRE V.

Châteaux et maisons de plaisance des environs de Paris.

BOIS DE BOULOGNE,

LONG-CHAMP.

La route qui coupe les Champs-Élysées conduit au bois de Boulogne. Ce bois, qui fut dévasté au commencement de la révolution, a été replanté depuis peu, et redevient, comme par le passé, le rendez-vous de la bonne compagnie, qui vient se délasser, dans des parties de plaisirs champêtres, des affaires, ou même des plaisirs fatigans de la ville. Ce bois, qui sert souvent d'asile aux amans heureux, sert aussi de rendez-vous à ceux qui veulent se battre en duel.

Le Bois de Boulogne est surtout célèbre par la promenade qui se fait tous les ans, les derniers jours de la semaine-sainte, à l'abbaye de Long-Champ.

Cette abbaye étoit autrefois dans l'usage de faire chanter, pendant les jours saints, les leçons et les ténèbres par les plus belles voix du couvent : on se portoit en foule pour les entendre, et quoique cette musique ait cessé plusieurs années avant la révolution, on a continué d'aller au Bois de Boulogne les mêmes jours ; et l'objet de cette promenade est d'y voir, et d'y faire voir les plus belles voitures, les plus brillans équipages, et les parures les plus élégantes et les plus riches.

BAGATELLE.

Bagatelle est ce joli pavillon qui se trouve sur les limites du Bois de Boulogne et près des rives de la Seine. Ce château appartenoit au comte d'Artois, qui en avoit fait un séjour enchanté. L'art et la nature s'étoient réunis pour embellir ce délicieux château. Quoiqu'il ait perdu beaucoup de ses ornemens par les ravages de la révolution, c'est encore une promenade infiniment curieuse et agréable. Les jardins, qui ont été réparés, sont entretenus par un restaurateur, qui en permet l'entrée au public, moyennant une légère rétribution.

On voyoit encore autrefois, dans le Bois de Boulogne, le château de la Muette et de Madrid, maisons royales qui n'offrent plus que des ruines au voyageur qui vient les visiter.

PASSY.

Joli village situé au-dessus du coteau qui borde le cours de la Seine, à une petite lieue de Paris. Son voisinage de la capitale, de la rivière et du Bois de Boulogne ; ses eaux minérales, l'air pur qu'on y respire, la vue charmante dont on y jouit, rendent cet endroit un des les plus agréables des environs de Paris.

PONT DE NEUILLY.

Ce pont, le plus hardi qui soit en France, est justement regardé comme un chef-d'œuvre d'architecture, par la légèreté et la hardiesse de son exécution.

Ce pont, d'environ 750 pieds de long, est parfaitement horizontal, et composé de cinq arches en voûtes surbaissées, de 120 pieds d'ouverture et de 30 pieds de hauteur sous la clef. Elles sont soutenues par des piles de 13 pieds. Ce pont fut commencé en 1768, et fini en 1772.

SAINT-CLOUD.

Le bourg et le château de Saint-Cloud sont à deux petites lieues de Paris, situés sur la rive gauche de la Seine. Leur position est des plus agréables.

L'exposition heureuse du château l'a rendu célèbre. Il l'est encore par la beauté de ses eaux et de la cascade, qui ne le cède en magnificence à aucune en Europe.

En 1785, Louis XVI fit l'acquisition du château de Saint-Cloud.

La seigneurie de ce lieu, érigée, en 1674, en duché-pairie en faveur de François de Harlay, archevêque de Paris, appartint aux prélats ses successeurs. Le roi donna en échange, à l'archevêque de Paris, la seigneurie de Bois-le-Vicomte, qu'il érigea en duché-pairie.

Monsieur, frère de Louis XIV, fit bâtir ce château par le Pautre, Gérard et Jules Hardouin Mansard. Il a subi plusieurs changemens sous Louis XVI.

On a conservé, et entièrement regratté, la principale façade, qui est du dessin de Gérard, ainsi que les pavillons, qui sont de le Pautre. Le pavillon qui est du côté du parc a été élevé de quelques pieds, et presque totalement changé dans son intérieur. La façade est toute neuve du côté de l'orangerie ; on l'a avancée de plusieurs toises. La chapelle, à l'extrémité de la galerie de Mignard, a une entrée du côté du bourg. Tous les changemens sont sur les dessins de Micque.

On a changé l'intérieur du pavillon du côté du parc ; le plafond était orné des cinq actes de l'opéra d'Armide, peints par Pierre ; il ne brille plus par cette belle décoration ; mais le magnifique plafond de la galerie d'Apollon, peint par Mignard, a été conservé, ainsi que ceux du grand salon, qui la précède, et du cabinet de Diane, qui la termine.

Au plafond du grand salon, on voit représentée l'assemblée des dieux, que Vulcain a invités pour les convaincre de l'infidélité de son épouse Vénus.

La galerie d'Apollon est composée de neuf morceaux. Dans le plus grand est représenté Apollon ou le soleil sortant de son palais; il est précédé d'un enfant, symbole de l'abondance, et accompagné des Heures du jour. L'Aurore, sur son char, est devancée par un Amour, qui répand des fleurs. Au-dessus est le point du jour, sous la figure d'un jeune homme, une étoile sur la tête, et une verge à la main, pour chasser la Nuit, qui le couvre de ses sombres voiles, accompagnée de ses enfans, le someil de la vie, et celui de la mort.

Le Printemps est représenté sous l'emblème du mariage de Zéphir et de Flore, du côté du jardin.

L'Été est indiqué par les fêtes de Cérès, du côté de la cour ; des Vierges, qui portent la statue de la déesse parmi les bleds, attendent le sacrifice ; les moissonneurs sont à genoux, des torches à la main, la victime est préparée ; la canicule est désignée par un chien altéré, qui regarde le soleil.

L'Automne est du côté de la cour. On y voit célébrer les fêtes de Bacchus et d'Ariane.

Du côté des jardins, l'Hiver s'offre à vos yeux ; vous y voyez Borée repousser le soleil, et souffler la grêle et les frimats. La Terre, qui est sur le devant, implore le secours du soleil, et Vulcain offre à l'Hiver le secours du feu de la terre.

Les fenêtres, qui éclairent l'extrémité de ce salon, servent de colonnes au Mont-Parnasse, peint par Mignard.

Les fenêtres sont couronnées de tableaux de fleurs et de fruits, peints par Fontenai. On voit aussi dans des bordures rondes, rehaussées d'or, huit bas-reliefs en camaïeu, qui représentent différents sujets de la fable.

La galerie est terminée par le cabinet de Diane. C'est là qu'on voit cette déesse à sa toilette. L'Aurore, Morphée, et quelques autres figures, embellissent le plafond.

Avant la Révolution, on voyait dans la chapelle une descente de croix, par Mignard.

Des tableaux qui ornaient cette galerie, et les autres appartemens, les plus considérables qui restassent dans ce château, étoient sept grands tableaux de l'histoire d'Énée, peints par Antoine Coypel; deux tableaux du Guide, l'un représentant Prométhée, et l'autre, Samson.

Dans le parc, l'observateur aperçoit par-tout le talent de le Nôtre. Cet ingénieux artiste a su tirer parti de l'irrégularité et de la pente du terrein, pour produire des effets plus variés et plus pittoresques.

Dans la partie du bois appelée la Félicité, la reine Marie-Antoinette avait fait élever un petit pavillon qui porte ce nom, à la place d'un plus ancien, où la duchesse d'Orléans vint souvent méditer, au bruit du chant des oiseaux et de plusieurs jets d'eau qui tombaient dans des bassins. Ces jets d'eau n'existent plus.

Sur la partie la plus élevée de la montagne, est une esplanade appelée la Balustrade, d'où l'on jouit d'une perspective admirable par sa variété et son étendue. On y découvre presqu'entièrement Paris, qui contraste avec un paysage immense, embelli par le cours de la Seine, qui se replie cent fois, et disparoît dans un lointain imperceptible. Rien n'est plus riche, plus curieux que ce tableau.

Les eaux abondantes, dont ce parc et embelli, étonnent par la force et la variété de leurs jets.

La grande cascade fixe surtout l'admiration des curieux : sa tête est décorée d'un groupe de pierres, fait par Adam l'aîné, sous l'emblème d'un fleuve et d'une naïade. Il représente la Seine et la Marne. Les nappes d'eau que produisent ces deux figures, se réunissent en tombant dans la grande coquille du milieu, et font jouer neuf nappes soutenues par des terrasses rocaillées. Dans le cours de leur chute, ces eaux se reproduisent sous cent formes différentes, et vont se rendre dans un bassin bordé d'une rangée de chandeliers.

Cette partie de la cascade, qu'on nomme la haute, est du dessin de Le Pautre; une allée la sépare de la basse, qui est du dessin de Jules-Hardouin Mansard.

Trois buffets d'eau tombent dans ce bassin circulaire; l'eau retombe, en faisant nappe, dans un second, puis dans un troisième; enfin dans un canal orné de plusieurs jets. Dans les intervalles des cascades, sont des figures en plomb, représentant des dauphins et des grenouilles énormes, qui lancent au loin une grande abondance d'eau. Toutes ces eaux, réunies dans deux boulingrins, y fournissent une couronne de jets croisés, au milieu desquels s'élève un jet plus considérable.

Sur la droite, au milieu d'un vaste bassin carré, on voit le fameux jet qui s'élève jusqu'à la hauteur de quatre-vingt-dix pieds.

On est occupé actuellement à faire à ce château les réparations nécessaires pour le mettre en état de recevoir le premier Consul, qui se propose d'y faire sa résidence pendant la belle saison.

LA MALMAISON,

Sur la route de Mantes.

C'est au premier Consul Bonaparte qu'appartient la Malmaison, qui n'a rien de magnifique à son extérieur ; mais dont l'intérieur est richement décoré et orné de peintures des plus grands maîtres. La gloire de recevoir sous ses ombrages un si grand héros, rendra à jamais célèbre les bosquets de la Malmaison, et suffira pour que cette habitation soit digne des regards du voyageur.

CHATEAU ET MACHINE

DE MARLY.

La machine de Marly se trouve sur la route de Versailles. Ce chef-d'œuvre de mécanique mérite d'être visité par les amateurs, qui y trouveront des gens qui s'empresseront de leur expliquer le mécanisme et le jeu étonnant des rouages de cette machine immense, qui fournit de l'eau à Versailles et à ses environs.

Le château de Marly, qui faisoit l'admiration des étrangers, tant par son architecture, que par les beautés en tout genre qu'il renfermoit, a été démoli dans la révolution. Sur ses débris s'est élevée une manufacture de filature de coton. Le voyageur peut encore visiter le parc et les jardins, qui conservent encore un certain genre de beauté qui a échappé à la destruction.

LUCIENNES.

Luciennes est à trois lieues et demie de Paris, proche la machine de Marly. Ce château appartenoit à madame Dubarry, maîtresse de Louis XV, qui l'avoit fait bâtir et décorer avec autant de magnificence que de goût. On admiroit surtout un pavillon qui, par sa position, son élégante architecture, ses beaux tableaux et ses superbes statues, étoit regardé comme un assemblage de chefs-d'œuvres. Nous sommes obligés de répéter encore ici ce que nous avons déjà dit, la main de l'anarchie a bouleversé, dénaturé toutes ces belles choses. Quelques monumens d'architecture seuls, sont restés debout, et le voyageur curieux ne rencontre plus, dans le palais des grands d'autrefois, que des débris, foibles vestiges de leur splendeur passée.

VERSAILLES.

Versailles n'étoit autrefois qu'un petit village. Louis XIV qui aimoit à créer et à vaincre la nature, trouva cet endroit propre à ses vues : il convertit le village en ville, et y fit bâtir ce superbe palais qui réunit tout ce que l'art et le goût, joint à la magnificence, ont jamais produit de plus beau. Sept années ont suffi à la confection des bâtimens, du parc et des jardins. Commencés en 1673, ils furent achevés en 1680. Ce beau palais est un de ceux qui a été le plus respecté pendant la révolution. Il a conservé, à quelque chose près, tous les chefs-d'œuvres qui faisoient jadis l'admiration des étrangers. Comme la description de ce château demanderoit un volume, nous nous contenterons de donner succinctement une légère indication des objets qui s'y trouvent encore.

On arrive à Versailles par les avenues de Paris, de Saint-Cloud et de Sceaux, qui forment la patte d'oie, et aboutissent à la place d'armes. Aux deux côtés de la place sont les grandes et petites écuries, dont les bâtimens remarquables par leur régularité, sont encore embellis par d'excellens morceaux de sculpture.

Après avoir traversé la place d'armes, on arrive à la première cour, dite des Ministres, parce que les ministres y étoient logés. De cette cour on entre dans celle du palais. Cette première cour est terminée par celle dite de marbre, ainsi nommée, parce qu'elle étoit pavée de carreaux de marbre de couleur. Les bâtimens qui l'environnent, et une partie de ceux de la précédente, sont de l'ancien château bâti par Louis XIII. Aux angles latéraux de celle-ci se trouvent deux arcades qui conduisent, l'une à la terrase du midi, et l'autre à celle du nord. De ce côté on trouve un vestibule décoré d'un ordre ionique, lequel conduit à la salle d'opéra et à la petite salle de comédie.

Après cet examen il faut se transporter, en longeant la terrasse du nord, entre les bassins des parterres d'eau; on apercevra l'étendue du palais et de son décor : il a plus de trois cents toises de long. Il est composé d'un rez-de-chaussée, d'un premier étage, et d'un attique; il est décoré de pilastres ioniques, avec quinze avant-corps, sur lesquels sont prises des colonnes isolées, du même ordre; au-dessus règne un attique, dont l'entablement supporte un comble, à la romaine, couronné par des balustres ornés de vases et trophées.

Après avoir examiné l'extérieur du palais, on peut monter dans les appartemens par l'arcade opposée à la chapelle, et l'escalier de marbre qui y conduit. On ne trouve plus, dans ces appartemens, tous les tableaux qui les décoroient autrefois. Grand nombre ont été transportés au Musée de Paris; mais on y voit réunis quantité de tableaux, de productions du genre français, et beaucoup d'autres objets dont la collection précieuse et soignée, pique et satisfait la curiosité.

On trouve ensuite le Musée, qui contient plusieurs objets curieux d'histoire naturelle, et dont la première pièce est celle qui terminoit la longue suite d'appartemens, appelée le salon d'Hercule.

Ce salon, l'admiration des étrangers, et la gloire de l'école française, est dû à la magnificence de Louis XV; il a soixante-quatre pieds de long sur 54 de large, et est décoré de vingt pilastres corinthiens, de marbre rance, dont les bases de bronze, et les chapiteaux de métal doré, soutiennent une corniche dorée d'or moulu, ornée de trophées et de consoles. Les piédestaux des bases sont de marbre vert-campan, et les panneaux de marbre d'Antin. Le plafond, peint par F. le Moine, est le plus grand et l'un des plus beaux sujets de composition qu'il y ait : l'Olympe est ouvert ; on y voit tous les dieux de la mythologie avec leurs attributs distinctifs ; neuf groupes et trois cartels représentent l'apothéose et les travaux d'Hercule. Ces groupes, composés de cent quarante-deux figures, détachées du fond avec un art merveilleux, sont renfermés dans un attique feint, de marbre blanc veiné, avec panneaux de brèche violette, qui règne au-dessus de la corniche, et couronné de guirlandes de feuilles de chêne feintes de stuc. On remarque aussi, dans cette pièce, deux excellens tableaux de Paul Véronèse ; le premier, de 14 pieds de haut sur 30 de long, fut donné à Louis XIV, en 1673, par la république de Venise ; il représente Jésus-Christ chez Simon le Pharisien ; le second, qui est sur la cheminée de marbre, revêtue en bronze, a neuf pieds et demi de haut sur neuf pieds neuf pouces de long ; il a pour sujet Rebecca, recevant de la main de Eliézer les présens d'Abraham. Les bordures de ces tableaux, sculptées par Vassé, sont incrustées dans le marbre et soutenues par des consoles dorées.

On voit dans le milieu de ce salon la statue de l'amour, occupé à courber un arc. Il étoit ci-devant placé dans le temple de l'Amour, que l'on voit au Petit-Trianon. La seconde est la salle de l'Abondance, dont le plafond est peint par Houasse. Cette pièce est décorée de bons tableaux, de Chevalet. Dans le fond est la statue de cette déesse ; elle est placée sur un piédestal, entouré d'une grille. Aux deux côtés, sont deux petites statues ; l'une représente Apollon, et l'autre Ganimède. La troisième est le salon de Diane. Le plafond, peint par Clanchard, représente la lune sous la figure de Diane, portée sur un char tiré par deux biches, et accompagnée des heures, et des attributs de la chasse et de la navigation. Les quatre autres tableaux sont d'Audran et de la Fosse. Ce dernier a peint sur la cheminée le sacrifice d'Iphigénie, qui est un très-beau morceau ; au-dessous est un bas-relief de marbre blanc, qui a pour sujet une fuite en Egypte, par le fameux Sarrasin. La quatrième est le salon de Mars. Audran a peint, sur le plafond, ce dieu sur son char, environné de ses attributs militaires. Jouvenet et Houasse l'ont aussi décoré de quatre tableaux analogues au sujet. On y remarque une magnifique pendule, qui, à toutes les heures, fait entendre un carillon. Cette mécanique ingénieuse est d'Antoine Morand. Les principes, consacrés par la révolution, y ont fait opérer des changemens. Deux statues qui étoient au petit Trianon, celle de la santé et celle de la maladie, y ont été transportées. La cinquième est le salon de Mercure. Le plafond, peint par Philippe Champagne, d'après les dessins de le Brun, représente ce dieu sur son char, environné des attributs qui le caractérisent. Ce salon est orné de plusieurs tableaux. On y admire un magnifique ouvrage, destiné autrefois à renfermer des objets précieux. Aux deux côtés, sont deux petites colonnes, que leur matière et le ciseau des artistes rendent belles et agréables à voir. La sixième est le salon d'Apollon. Le plafond représente ce dieu porté sur son char, avec tous ses attributs. Le lambris d'appui est de marbre vert-campan. Vient le salon de la Guerre, qui forme l'ouverture de la grande galerie, ou qui la prolonge. Le plafond, de forme pareille à celui du salon de la Paix, est encore l'ouvrage de le Brun ; ses ornemens sont analogues à Bellone, à laquelle il est consacré. On voit, en entrant, sur le chambranle d'une cheminée feinte, un bas-relief ovale, de douze pieds de haut, par N. et G. Coustou ; il est renfermé dans une bordure de marbre, et représente Mars à cheval. Dans l'ouverture feinte de la même cheminée, est un autre bas-relief, modelé par Desjardins, dont le sujet est une femme assise, entourée de génies, et écrivant. Cette pièce est ornée de trois statues, et de quatre vases de marbre.

L'architecture et les peintures de la grande galerie sont dues au célèbre Lebrun. L'Europe n'offre rien d'aussi beau, et qui lui soit comparable pour l'ordonnance et le goût qui y règnent. Elle a trente-sept toises de long, cinq de large, et six toises un pied de haut, sous clef; dix-sept grandes croisées l'éclairent; à l'opposite, sont autant d'arcades dont le fond, rempli par des glaces, réfléchit les jardins avec leurs pièces d'eau, et tous les objets qui sont dans la galerie; entre les arcades et les croisées, sont quarante-huit pilastres de marbre rance, dont les bases et les chapiteaux composites sont de bronze doré. La voûte, en plein ceintre, représente, sous des figures symboliques et de savantes allégories, dans neuf grands tableaux et dix-huit petits, les époques les plus frappantes du règne de Louis XIV, depuis 1661 jusqu'en 1678, telles que les conquêtes de la Hollande et de la Franche-Comté, le passage du Rhin, etc. Des inscriptions indiquent le sujet et l'année. Ces différens morceaux sont distribués dans des compartimens accompagnés d'une belle architecture feinte, et soutenue par des thermes de bronze doré. Les génies des arts et des sciences sont occupés à décorer ce lieu de leurs divers attributs. La corniche est ornée de trophées, auxquels des enfans attachent des fleurs. Deux grandes arcades, ornées de quatre colonnes et de huit pilastres, embellissent les entrées de cette superbe galerie ; les pilastres sont séparés par des piédestaux en saillie, supportant des vases. On y voit aujourd'hui une quantité assez considérable de bustes et de vases placés sur des tables.

Cette galerie est terminée par le salon de la Paix, qui faisoit partie des appartemens de la ci-devant reine. La coupe de ce salon, peint par le Brun, représente la France assise sur un globe d'azur, dans un char porté sur un nuage, et couronné par la gloire. La paix et les amours unissent des tourterelles; elles ont à leur cou des médaillons, symboles des alliances formées sous le règne de Louis XIV, les ornemens en relief sont de bronze doré. Les deux pièces suivantes, qui concouroient à former la totalité des appartemens ci-devant décrits, sont riches et superbement ornés de dorures, glaces, vases, colonnes et bustes. Dans la dernière, on verra avec plaisir une collection de vingt-deux tableaux, provenant de la Chartreuse de Paris, qui sont de la composition de Le Sueur ; et d'autres grands tableaux des maîtres les plus distingués.

En descendant par l'escalier de marbre, on va voir la salle de l'opéra, qui ne fut achevée qu'en 1770, aux fêtes du mariage de Louis XVI, et qui fixera l'attention des amateurs et connoisseurs, tant par ses distributions extérieures que par les peintures et ornemens sans nombre qui l'embellissent, qui sont l'ouvrage des plus grands artistes dans tous les genres.

La chapelle est un superbe monument de la munificence et de la piété de Louis XIV. Elle est le dernier ouvrage de J.-H. Mansard ; elle fut commencée, en 1697, et terminée en 1710, deux ans avant sa mort. Sa décoration extérieure consiste dans un ordre de pilastres corinthiens, avec soubassement, et couronné d'un attique. Dans les entre-pilastres, sont des arcades en plein ceintre, ornées de génies. Cet ordre est surmonté d'une balustrade, dont les piédestaux portent des statues de pierre de Tonnerre, de neuf pieds de haut, représentant les apôtres, les évangélistes, les pères de l'église, et les vertus théologales. L'intérieur, décoré du même ordre, est en pierre de liais. La voute est portée par seize colonnes cannelées, entre lesquelles rentre une balustrade de bronze doré, avec appui de marbre gris. Les bas-reliefs et ornemens des piliers, et les archivoltes des arcades de la nef et des bas-côtés, sont de la plus belle exécution. Le maître-autel, revêtu de marbre choisi, est décoré d'une gloire : sur les côtés sont des anges adorateurs, le tout en bronze doré d'or moulu. En face, est la tribune, où le roi se plaçoit. Les peintures de la voûte sont de trois différens maîtres ; la partie au-dessus de la tribune est du célèbre Jean Jouvenet, qui y a représenté la descente du Saint-Esprit sur les apôtres ; celle du milieu, représentant le père éternel dans sa gloire, est de Noël Coipel ; et le chevet au-dessus du maître-autel, représentant la résurrection de Jésus-Christ, est de Charles de la Fosse.

On communique immédiatement des cours aux grandes terrasses, par les arcades latérales du palais. Les ornemens des jardins consistent en bosquets, groupes, statues antiques, d'après l'antique, et modernes ; thermes, vases, bassins et fontaines : tous ces objets sont de marbre, de bronze, mélac, plomb bronzé ou doré. Comme il seroit infiniment trop long de détailler tout ce qui se trouve de curieux dans le parc de Versailles, nous nous bornerons à indiquer les principaux bosquets, qui sont le Rocher, ou les Bains d'Apollon; la Colonnade; les Dômes; les Trois Fontaines, etc. Les bains d'Apollon sont le chef-d'œuvre de Girardon. Le principal groupe représente ce dieu chez Thétis, environné de nymphes empressées à le servir. Sur les côtés sont les chevaux de son char, en attitude de s'abreuver. Lorsque les eaux jouent, ce morceau est animé par les eaux qui tombent en cascade dans un grand bassin, décoré d'une manière rustique et analogue au sujet.

On n'oubliera pas de visiter l'Orangerie : elle est située à gauche de la terrasse du château, au-dessous du parterre des fleurs. On y remarquera la serre et le parterre, orné d'un grand bassin, entouré d'orangers, dont le nombre est très-considérable.

Il existe dans la ville de Versailles une infinité de bâtimens, dont l'examen offrira des choses précieuses aux artistes qui voudront se donner la peine de les visiter.

La manufacture d'armes établie à Versailles, où la fabrication d'armes de tout genre a été portée au plus haut degré de perfection, a cessé d'être régie aux frais du gouvernement, elle est devenue une entreprise particulière appartenant au citoyen Boutet, qui en étoit le directeur. Les étrangers trouveront dans cette manufacture tout ce qu'il y a de plus fini, de plus riche, de plus précieux en armes de luxe. (Le dépôt de cette manufacture est à Paris, rue de Richelieu, chez le citoyen Boutet).

TRIANON.

Trianon est un petit palais situé dans l'enceinte du parc de Versailles; la construction en est des plus élégantes, deux ailes, terminées par deux pavillons, sont unies par un péristyle composé de vingt-deux colonnes d'ordre ionique, le bâtiment, qui n'a qu'un rez-de-chaussée, a soixante-quatre toises de face; entre les croisées règnent des pilastres; le comble, à la Romaine, est terminé par des balustres ornés de vases et de groupes de petits amours. Les jardins sont charmans, les bassins sont ornés de groupes, faits par les plus excellens maîtres; les jets d'eau qui en sortent sont très-multipliés, et forment un ensemble qui rend ce jardin un séjour enchanté.

LE PETIT TRIANON.

Le petit Trianon est situé à l'extrémité du parc du grand Trianon. Le goût le plus délicat a présidé à la confection de ce joli palais, composé d'un pavillon à la romaine, d'une forme carrée, d'environ douze toises sous chaque face, composée d'un rez-de-chaussée et de deux étages, le tout décoré d'un ordre corinthien et couvert d'une balustrade.

Les jardins sont délicieux, on les distingue en jardin anglais et français. Le jardin anglais est bien différent de ceux que l'on voit ordinairement, et qui ne présentent que des bizarreries dispendieuses, dans celui-ci les sites pittoresques et variés de la nature sont si heureusement représentés, que l'art ne s'y fait sentir que pour ajouter à l'illusion d'un agréable paysage, ce jardin anglais est terminé par un petit hameau charmant.

Depuis quelques temps le jardin français a été loué à divers particuliers, qui, étant obligés par les conditions de leur bail à en conserver tous les agrémens, en ont fait un séjour délicieux de plaisir et de fêtes, où les étrangers des environs trouvent toutes sortes d'amusemens et de rafraîchissemens, moyennant une légère rétribution.

SAINT-CYR.

Ce village, situé à une petite lieue de Versailles, est célèbre par la communauté royale que fonda Louis XIV, et où mourut madame de Maintenon, qui en fut la première institutrice. C'est maintenant une maison d'instruction publique, où le gouvernement entretient un grand nombre d'élèves. Cette maison mérite de fixer l'attention du voyageur sous ses rapports anciens et modernes.

SCEAUX.

Ce château appartenoit à monsieur le duc de Penthièvre. Les plus célèbres artistes en avaient décoré les appartemens et dessiné les jardins, embellis par de jolies cascades. Nous ne parlons ici de ce château que pour apprendre au voyageur qui l'ignore, que le torrent révolutionnaire a englouti toutes ces belles choses, qui exitoient si vivement l'admiration des étrangers.

CHOISI.

Choisi est un village à deux lieues de Paris, sur la rivière de Seine, qui rend sa situation très-pittoresque et très-agréable. Choisi avait un magnifique château, que Louis XV acheta et embellit encore; mais il n'existe plus rien de ce château, dont la charrue a labouré les jardins.

MEUDON.

Le château de Meudon est situé sur une éminence, d'où l'on découvre Paris et ses environs, on y arrive par une très-belle avenue, au bout de laquelle on trouve une superbe terrasse, qui sert d'avant-cour au château, dont la façade est ornée d'arcades et de pilastres; deux rampes d'escalier, dont la composition est fort ingénieuse, conduisent aux appartemens, qui étoient somptueusement décorés, ornés de glaces, de dorures, etc.

Les jardins de Meudon sont beaux et vastes, et le parc très-bien planté. Ce château, qui sert actuellement de caserne à l'artillerie, a perdu beaucoup de ses agrémens ; mais il est encore digne d'être visité par le voyageur curieux, qui se rappellera que c'est-là que mourut, à l'âge de cinquante ans, le dauphin fils de Louis XIV, appelé Monseigneur, dont le duc de Montansier fut le gouverneur et Bossuet le précepteur ; et, plus récemment, le dauphin fils de Louis XVI.

VINCENNES.

Vincennes est un village à une lieue de Paris, à l'entrée d'un bois qui a quatorze cents arpents d'étendue. Il n'a rien de remarquable que son château, qui est d'une très-haute antiquité, et qui fut habité par plusieurs de nos rois. Ce château, qui a toutes les apparences et les avantages d'une forteresse, a servi de prison d'état depuis 1472 jusqu'en 1784. Ce fut dans le donjon de Vincennes que fut enfermé, pendant quatre ans, le fameux Mirabeau.

Après qu'on est sorti de cette forteressse, l'enceinte du château de Vincennes n'offre rien de bien intéressant que la manufacture de porcelaine, placée du côté du donjon.

SAINT-GERMAIN-EN-LAYE.

L'antique château de Saint-Germain-en-Laye fut long-temps la maison de plaisance des rois de France, qui venoient prendre le plaisir de la chasse dans la forêt, qui a cinq mille et quelques arpens d'étendue. Il seroit difficile de trouver une situation plus agréable, et une plus belle perspective, que celle que l'on découvre de dessus la terrasse. Si ce château, bâti par Henri IV, n'offre rien de bien remarquable par son architecture, il rapelle au voyageur que Jacques II, roi d'Angleterre, détrôné par sa fille Marie et son gendre le prince d'Orange, y trouva un asile, et y fut accueilli de la manière la plus généreuse par Louis XIV. Jacques II, après avoir fait d'inutiles efforts pour recouvrer sa couronne, mourut, en 1700, au château de Saint-Germain-en-Laye, dans les sentimens de la plus profonde piété.

SAINT-DENIS.

On sait que, depuis plusieurs siècles, l'abbaye de Saint-Denis servait de sépulture aux rois de France. Leurs tombeaux, et un trésor assez riche, attiroient à Saint-Denis les étrangers, qui venaient y considérer les tristes restes des grandeurs humaines; mais la cupidité révolutionaire a pillé le trésor, et les vandales, sans respect pour les mânes de ces grands personnages, ont dévoré leurs tombeaux et dispersé leurs cendres. Saint-Denis n'offre plus à l'étranger que des manufactures de toiles peintes très-estimées, et des tanneries, qui jouissent d'une grande réputation.

BELLEVUE.

Ce château a été bâti par les ordres et les soins de madame de Pompadour, et deux ans suffirent pour achever ce chef-d'œuvre d'architecture. Plusieurs artistes célèbres enrichirent à l'envi ce séjour des productions de leur génie. Louis XV, charmé de la beauté du site, de la richesse et de la distribution des appartemens, pria madame de Pompadour de lui céder cette maison : la favorite n'avoit rien à refuser à son royal amant.

Le parc et le jardin de Bellevue offrent ce que la nature et l'art ont de plus imposant et de plus gracieux : rien de plus magnifique que le tableau que l'on découvre de dessus la terrasse au nord du château. La vue de Paris et de ses édifices, celle du bois de Boulogne et de la Seine, qui, se repliant en mille détours, semble former mille canaux, on fait donner à juste titre le nom de Bellevue à ce délicieux séjour.

Bellevue a appartenu à Mesdames, tantes du feu roi Louis XVI, peu après leur départ ce château fut transformé en casernes, on présume bien que les appartemens, qui étaient aussi élégants que somptueux, furent bientôt dévastés. Quoi qu'il en soit ce château est encore extrêmement curieux par sa belle position.

BELLEVILLE

ET LE PRÉ SAINT-GERVAIS.

Ce petit village, situé à quelque distance de la barrière de la Courtille, est bâti sur une éminence qui domine Paris, la crête de la montagne est bordée de jolies maisons bourgeoises d'une architecture élégante et simple, presque toutes ont des belvédères, d'où l'œil s'étend sur un espace immense de terrain semé de bourgs, de villages, dont l'aspect est tour-à-tour imposant et agréable.

A peu de distance se trouve le Pré-Saint-Gervais ; c'est un hameau considérable, presqu'entièrement composé de guinguettes, où les artisans de Paris vont en foule le dimanche se délasser des travaux de la semaine. C'est là que l'étranger observateur se fera une idée de la population de Paris et des mœurs de ses habitans.

Ce hameau est environné de coteaux chargés de vignes et de vergers, entourés de chemins étroits, mais ombragés et bordés de haies, dont l'ensemble forme une promenade infiniment agréable ; la vue des fruits, des fleurs, un site varié, la nature dans sa simple beauté, l'air pur et embaumé qu'on y respire, tout contribue à attirer au pré Saint-Gervais les amateurs des plaisirs champêtres.

BARRIÈRES DE PARIS.

Après avoir parcouru Paris et ses environs, le voyageur trouvera encore de quoi alimenter sa curiosité en examinant les murs et barrières qui forment l'enceinte de cette grande cité : nous avons cru faire plaisir aux amateurs des arts en terminant cet ouvrage par la description exacte de tous les bâtimens formant les barrières de Paris.

Elles furent élevées sur les dessins et la direction du célèbre architecte Ledoux, sous le ministère de monsieur de Calonne, qui en avait approuvé le plan. Quoique ces monumens aient été mutilés et un peu endommagés avant et au commencement de la révolution, cependant ce qui en reste forme encore un ensemble imposant, digne de fixer l'admiration des amateurs, qui en jugeront avec plus de connaissance par la description que nous allons donner de ces monumens, tels qu'ils existaient dans le plan de l'architecte, et qu'ils ont été en partie exécutés et subsistent encore aujourd'hui.

Nous commencerons par la partie méridionale. La première barrière qui se présente est à la Rapée. Elle est composée d'un soubassement descendant à la rivière, d'un rez-de-chaussée avec trois croisées sur chaque face, d'un premier étage avec de petites croisées à colonnes, quatre frontons et un couronnement, deux guérites, des socles surmontés de deux figures, emblêmes du genre de commerce ou des productions des départemens qui tendent au chemin. Sur la rivière un vaisseau grec, portant un bâtiment pour les commis. Ce bâtiment est entouré de colonnes et d'arcades à couronnement.

2.° Sur le chemin dit de la Voierie, un bâtiment plan-quarré, des élévations présentant quatre péristyles pour mettre à couvert les employés, un rez-de-chaussée, un étage avec couronnement.

3.e Sur le chemin des Carrières, un bâtiment plan – quarré, un rez-de-chaussée seulement, quatre croisées avec des colonnes et un couronnement.

4.e Sur le chemin de Fontainebleau, deux bâtimens quarrés longs, présentant cinq arcades de face, surmontés de colonnes. Le petit côté également monté d'arcades et de colonnes, avec des couronnemens, des figures emblématiques du commerce des villes de Marseille, Toulon, etc. Une colonne rostrale, au centre des deux chemins, et un socle servant de guérite ; le tout orné de bas-reliefs.

5.e Sur le chemin de Saint-Hypolite, un petit bâtiment composé d'un rez-de-chaussée, formant une arcade de face et des bas-côtés. Le ministre Calonne vouloit qu'un peu loin de ce bâtiment, on en élevât un autre où le peuple pût se rassembler les jours de fête : son but étoit d'assurer les mœurs publiques et les plaisirs des habitans des faubourgs Saint-Jacques et Saint-Marceau.

6ᵉ. Sur le chemin de la Glacière, deux péristyles de quatre colonnes, avec un fronton pour couronnement.

7ᵉ. Un bâtiment carré, composé d'un rez-de-chaussée, d'un corps-de-garde, présentant une arcade avec un couronnement.

8ᵉ. Sur l'ancien chemin d'Orléans, un stylobate qui porte huit arcades, un rez-de-chaussée soutenu sur des pilastres quarrés ; et dans l'imposte, des croisées à colonnes.

9ᵉ. Sur ce même ancien chemin, le ministre Calonne, pour perpétuer la mémoire du voyage de Pilâtre-Desrosiers, engagea l'artiste à faire, avec un corps-de-garde, un péristyle qui rappelât la forme du ballon. L'artiste remplit ses vues en faisant un péristyle circulaire pour la garde, et un ballon pour couronnement.

10ᵉ. Aux entrées d'Orléans, une place plantée d'arbres, précédées de deux corps-de-garde, deux autres qui veillent le boulevard intérieur, le boulevard extérieur, les barrières carrées-longues, avec des péristyles qui soutiennent des arcades à colonnes autour du bâtiment; dans les corniches, les attributs du commerce des villes d'Orléans et autres, tendantes à ce chemin; le tout avec des couronnemens à colonnes.

11ᵉ. Sur le chemin à faire, depuis les barrières d'Orléans, jusqu'à l'angle du

Mont-Parnasse, deux péristyles de colonnes et un corps-de-garde de surveillance.

12ᵉ. Sur le chemin allant de la rue du Mont-Parnasse, un corps-de-garde présentant un péristyle de six pilastres carrés, pour la surveillance.

13ᵉ. Barrières du Mont-Parnasse. Deux bâtimens présentant quatre péristyles, et vingt-quatre colonnes extérieures, carrées et rondes, à travers lesquelles on observe la surveillance.

14. Sur le chemin, des corps-de-garde présentant des péristyles, des barrières composées de deux bâtimens de deux péristyles chacune, d'un rez-de-chaussée ; premier et second, d'un couronnement à colonnes, pour masquer les cheminées ; des guérites formées par des colonnes, et des emblêmes comme ci-dessus.

15ᵉ. Une guérite de surveillance, au

coin du chemin de la Voierie ; cette guérite présente un péristyle de huit pilastres carrés.

16e. Sur le chemin de la Voierie, des barrières, composées de deux bâtimens formant quatre péristyles pour la surveillance, un rez-de-chaussée à colonnes avec tambour; le tout servant à donner du caractère à ce bâtiment, quand il est vu de loin.

17e. Sur le chemin de Vaugirard, deux bâtimens de forme carrée, avec deux péristyles soutenus de colonnes et d'arcades ; un couronnement orné de trophées sculptés sur le mur, dans le genre de ceux de la porte Saint-Denis.

18e. Sur le chemin de la rue de Sèvres, deux bâtimens sur un plan-carré, avec ses arcades, soutenus sur des colonnes, avec des péristyles à couronnement et des pilastres carrés; un corps-de-garde formant quatre arcades, avec couronnement, refendu en pierres et orné de briques, au bout de l'avenue du Champ-de-Mars.

19ᵉ. Sur le chemin des *Paillassons*, un bâtiment carré, orné de péristyles, soutenu d'arcades, des trophées sculptés sur quelques parties du mur, à quelque distance des barrières de Sèvres et de l'École militaire. On devoit bâtir une de ces salles de rassemblement dont j'ai parlé ci-dessus, et qui devoit desservir Vaugirard et le Gros-Caillou ; ces monumens devoient être bâtis en bois et en briques, pour être moins chers et récréer la vue par la variété des couleurs.

20ᵉ. Barrière, sur le chemin de l'École Militaire ; deux bâtimens carrés-longs : on y monte par de grands escaliers ; ils sont de forme circulaire et ont quatre frontons ; les métopes sont ornées d'attributs militaires ; le bâtiment est surmonté d'un couronnement ; les guérites, formant socle, supportent les figures emblématiques des villes tendantes au chemin ; la place est circulaire et ornée d'arbres ; l'on y a tracé, pour aller à Versailles, un chemin qui fait éviter les inconvéniens du pont de Sèvres, dans le temps des glaces.

21e. Barrière sur le chemin des Ministres : deux bâtimens carrés-longs ; quatre péristyles, ornés de vingt-quatre pilastres carrés, quatre guérites portant des attributs.

22e. Sur le chemin près le Champ-de-Mars et sur le bord de l'eau, un renfoncement de deux pieds de haut, destiné à contenir les bâtimens de surveillance, pendant les gelées ; cet espace est orné de refends, de rochers, qui forment le soubassement du bâtiment qui est situé près de là, et qui est composé de deux péristyles de douze colonnes, qui soutiennent les arcades; le tout avec fronton et couronnement.

Partie septentrionale.

23ᵉ. Barrière, sur le chemin de Versailles : plan carré-long, des deux côtés, dont l'un pour entrer à Paris par le quai, l'autre par la montagne des Bons-Hommes, pour gagner le chemin de Sainte-Marie. Il offre la magnificence d'un nouveau boulevard, qui entoure Paris et se prolonge jusqu'à la Rapée. Deux guérites surmontées de figures colossales, de vingt-deux pieds de proportion, représentant la Bretagne et la Normandie. Ces deux figures ont été mutilées, par ordre du comité de destruction. La façade offre un porche pour mettre le payeur à couvert. Une forme circulaire présente un cul-de-four éclairé par un réverbère, dont l'effet est étonnant, terminé par une corniche d'ordre dorique, dont les métopes sont ornées des villes tendantes au chemin. La façade sur le quai offre, au rez-de-chaussée, des croisées ornées et des fonds bastiqués à usculière. Premier étage, des croisées ornées et un attique; le second, dans le même genre. A côté, dans l'angle du chemin qui surveille Paris et le passe-debout, un corps-de-garde orné de pilastres carrés et d'arcs.

24e. Sur le chemin de Sainte-Marie, deux bâtimens carrés-longs, ayant rez-de-chaussée et couronnement; le rez-de-chaussée présente deux colonnes qui soutiennent une arcade, de chaque côté, avec des trophées dans chaque fronton.

25e. Barrière, sur le chemin de Long-Champ : bâtiment carré, ayant quatre ouvertures et quatre arcades. Au premier étage, une corniche à console et figures emblématiques. Un couronnement percé de petits arcs.

26ᵉ. Barrière sur le chemin de la pompe de Chaillot : bâtiment carré, ayant quatre faces, quatre arcades soutenues par des pilastres carrés, un couronnement circulaire composant un étage, et croisées ornées de petites colonnes. Le tout a cédé au lévier du vandalisme.

27ᵉ. Barrière de Neuilly. Plan-carré, et péristyle composé de vingt colonnes colossales. Les colonnes ont été renforcées par des tambours carrés, pour empêcher qu'elles ne devinssent grêles, vues à une grande distance. On y monte par beaucoup de petites marches comprises dans trois grandes. On y trouve un rez-de-chaussée et un premier. L'ordre d'architecture est terminé par une corniche et quatre frontons, un couronnement circulaire, qui retrace une marche militaire, et un quadrige sur chaque bâtiment, conduit par la Victoire.

28ᵉ. Sur le chemin du Roule, un bâtiment carré, faisant face au boulevard, présentant trente-six colonnes, des gradins pour monter aux terrasses; quatre avant-corps composés d'un premier et d'un second étagrs, avec couronnement carré, terminé par un dôme; des attributs relatifs dans les frontons.

30ᵉ. Barrière sur la plaine de Mousseaux : plan circulaire. Les colonnes sont établies sur un stylobate et offrent un péristyle de seize divisions, avec une corniche simple et un couronnement, accompagné de petites arcades et d'un dôme.

31ᵉ. Un bâtiment sur le chemin du village de Mousseaux : il est carré, et offre quatre péristyles composés de colonnes à passage, qui se prolongent dans le soubassement, et soutiennent les arcades du rez-de-chaussée, une corniche, quatre frontons. Un attique, un couronnement composé de quatre arcades, soutenues par huit colonnes; une corniche, qui sert à terminer le couronnement. Le bâtiment a été mutilé.

32e. Barrière sur le chemin de Clichi. Deux bâtimens carrés, à péristyles, offrent vingt colonnes chacun, et soutenant des arcades. Le fond offre un rez-de-chaussée ; et, au premier, quatre frontons, un couronnement carré orné de petites arcades à colonnes. Le premier a été mutilé ; le second démoli.

33e. Barrière sur le chemin de la rue Blanche : plan carré ; rez-de-chaussée, avec trois arcades sur chaque face, trois croisées à colonnes, quatre frontons. Les croisées ont été démolies, pour y substituer des chambranles communs, et remplacer les colonnes qui s'y trouvoient. (Belle économie!) Des couronnemens avec des pilastres carrés, pour masquer les cheminées.

34ᵉ. Un bâtiment sur la rue ci-devant Royale, ayant quatre façades, et chacune quatre colonnes à passage, carrées et rondes; au rez-de-chaussée, un premier; un couronnement circulaire.

35ᵉ. Barrière sur la rue des Martyrs : plan carré, et une arcade sur chaque face, soutenue de colonnes; quatre frontons; un couronnement : le tout a été mutilé.

36ᵉ. Sur le chemin de la rue Poissonnière, un monument destiné aux récréations populaires.

37ᵉ. Bâtiment carré, au concours de cinq chemins. Les voitures devoient y passer à couvert. Il a été fondé à quarante-huit pieds de profondeur ; les colonnes sont au nombre de vingt, tant grandes que petites. Ce monument a été détruit. Un arc de quarante-deux pieds annonçoit les entrées d'une grande capitale. Les Arts regrettent que cet ouvrage n'ait pas été achevé.

38e. Barrière de Saint-Denis : plan carré; deux bâtimens à quatre faces; quatre avant-corps, huit colonnes colossales, un porche ouvert, au centre duquel est un escalier; les palliers soutenus par douze petites colonnes; la décoration extérieure offre un péristyle, orné de colonnes, à passage; quatre frontons, un attique, un couronnement, orné de petites colonnes et d'arcades. Ces objets à peine faits ont été mutilés. Des guérites surmontées de figures emblématiques des départemens.

39e. Barrière sur le chemin des Vertus. Plan carré-long; deux péristyles, deux frontons qui couronnent l'ordre, et deux grands frontons, sur un plan reculé qui termine les masses de sa construction.

40ᵉ. Sur le chemin de Saint-Martin : plan carré, placé entre deux chemins, au milieu d'un grand cercle planté d'arbres, qui s'accordent avec ceux du boulevard; quatre guérites très-importantes pour la malle, qui devoient être surmontées de quatre figures, représentant autant de départemens. L'élévation présente, au rez-de-chaussée, quatre péristyles ornés de huit pilastres carrés, chacun quatre porches ouverts, aboutissant à une cour aussi couverte, au centre de laquelle on trouvoit une figure emblématique du Commerce. Les quatre péristyles terminés par une corniche et quatre frontons; un attique circulaire, portant quarante colonnes qui soutiennent des arcades, formant un péristyle circulaire. Au premier étage, l'édifice est surmonté d'une corniche d'ordre dorique ; les métopes devoient être ornées des figures emblématiques des villes.

41ᵉ. Sur le chemin appelé l'Hôpital-Saint-Louis : le plan est triangulaire et offre trois péristyles ; trois culs-de-four pour recevoir l'affluence ; on y monte par des escaliers pris dans toute la largeur. Le couronnement est circulaire, avec un petit dôme.

42ᵉ. Sur le chemin du Buisson-Saint-Louis : plan carré ; deux péristyles circulaires, compris dans la hauteur du bâtiment, offrant un cul-de-four décoré, de chaque côté, de six colonnes. L'édifice est terminé par de grands frontons et un couronnement.

43ᵉ. Barrière sur le chemin des Trois Couronnes : à quatre façades, ornées de colonnes qui soutiennent une arcade, terminées par quatre frontons, un couronnement circulaire et un petit dôme.

44°. Barrière sur le chemin de Belleville : plan carré ; deux bâtimens offrant quatre péristyles, vingt-quatre colonnes soutenant des arcades ; corniches à consoles, quatre frontons ; couronnement à petits arcs. Le tout a été mutilé.

45ᵉ. Barrière sur le chemin de Menil-Montant : plan carré ; deux bâtimens à péristyles, composés de cinquante-quatre colonnes, soutenant des arcades, quatre frontons ; un couronnement soutenant de petits arcs sur des colonnes. Plus loin, et dans les terres, un monument de récréations populaires, destiné aux habitans des faubourgs voisins.

46°. Barrière sur le chemin des Amandiers : plan circulaire, offrant quatre arcades sur les quatre faces principales, soutenues de colonnes ;

quatre frontons ; un couronnement circulaire.

47°. Barrière sur le chemin de la rue de Saint-André et la rue aux Rats: deux bâtimens carrés-longs, offrant quatre péristyles ornés de seize colonnes; deux frontons.

48ᵉ. Barrière sur le chemin de Charonne : bâtiment carré-long ; deux péristyles, chacun de quatre colonnes ; les deux petits côtés avec arcades et colonnes. Un premier, avec des croisées ornées; quatre frontons ; un couronnement avec deux petits arcs et des colonnes ; un monument de récréations populaires, placé entre Ménil-Montant et Charonne.

47ᵉ. Barrière sur le chemin de Montreuil : deux bâtimens ; plan carré, ayant chacun deux péristyles; colonnade à bossage de six colonnes chacune, terminée par une corniche et deux frontons; un attique avec des arcades.

50e. Barrière sur le chemin de Vincennes : plan carré; porche soutenant un arc, avec des pilastres; corniche avec des consoles; quatre frontons; un couronnement circulaire, avec de petites arcades; deux corniches supportant deux colonnes colossales, avec les attributs de la Victoire et du Commerce. Entre Montreuil et le chemin de Vincennes, un monument destiné pour les plaisirs populaires.

51e. Sur le chemin de Saint-Mandé, un bâtiment carré-long, au centre du boulevard des deux avenues; deux péristyles de quatre colonnes chacun, terminées par deux frontons et un couronnement.

52e. Sur le chemin de Neuilly, un bâtiment circulaire; un péristyle de vingt colonnes portant des arcs, terminés par une corniche et un attique reculé sur le second plan.

53ᵉ. Sur le chemin de Picpus, un bâtiment carré offrant quatre péristyles, un cul-de-four, des logemens; chaque péristyle composé de quatre colonnes, terminées par quatre frontons, un attique et un couronnement à arcades.

34ᵉ. Sur le chemin de Charenton, deux bâtimens carrés, présentant chacun deux péristyles formés de colonnes surmontées de corniches, d'un fronton et d'un attique. Dans le petit côté, une arcade soutenue par des colonnes. Un seul de ces bâtimens avoit la même étendue que les barrières d'Athènes.

55ᵉ. Sur le chemin de Berci, un bâtiment, ayant deux péristyles et un corps-de-garde, ornés de douze colonnes terminées par deux frontons et un couronnement.

56ᵉ. Sur le chemin de la Rapée, formant l'entrée de Paris, qui se prolonge au chemin de Versailles, un bâtiment présentant quatre faces, et avant-corps offrant quatre arcades à colonnes, dont l'ensemble produit un péristyle autour, pour dégager le bâtiment, faisant en tout quarante colonnes, surmontées d'une corniche; un attique reculé sur le second plan terminant une cour intérieure, éclairée par le haut. Deux guérites supportant les attributs de la Seine et de la Marne, qui y forment confluent. On descend par un grand soubassement, pour le service des pataches et la surveillance des eaux.

FIN.

LISTE

DES DIVERSES AUTORITES

DU GOUVERNEMENT

DE LA RÉPUBLIQUE FRANÇAISE,

PAR ORDRE ALPHABÉTIQUE.

Contenant leurs noms et leurs demeures à Paris.

GOUVERNEMENT.

BONAPARTE, premier Consul.
CAMBACÉRÈS, second Consul.
LEBRUN, troisième Consul.

H. B. *Maret*, secrétaire d'état.

MINISTÈRE DE L'INTÉRIEUR,

Maison ci-devant Brissac, rue Grenelle, n. 92.

Chaptal, ministre.
Scipion-Mourgue, chef du secrétariat.

MINISTÈRE DES FINANCES,

Rue Neuve-des-Petits-Champs.

Gaudin, ministre.
Amabert, secrétaire-général.
Saussay, secrétaire-particulier.

MINISTÈRE DE LA POLICE GÉNÉRALE.

Quai Voltaire.

Fouché, ministre.

MINISTÈRE DU TRÉSOR PUBLIC.

Rue Neuve des Petits-Champs.

Barbé-Marbois, ministre.

MINISTÈRE DE LA JUSTICE.

Place Vendôme.

Abrial, ministre.
Delacroix, secrétaire-général.

MINISTERE DE LA MARINE ET DES COLONIES.

Rue de la Concorde.

Decrès, ministre.
Cattreau, secrétaire-général.
Régnier, chef du secrétariat.

MINISTÈRE DES RELATIONS EXTÉRIEURES.

Rue du Bacq, maison Galiffet.

Talleyrand-Périgord, ministre.

CONSEIL D'ÉTAT.

SERVICE ORDINAIRE.

Section de législation.

Boulay (de la Meurthe) président, rue de Lille, n. 344.

Berlier, président du conseil des prises, maison de l'Oratoire.

Bigaut-Prémaneu, rue de la Convention, n. 2.

Emmery, rue de Varennes, n. 656.

Portalis, rue de Lille, n. 605, chargé auprès du gouvernement de toutes les affaires concernant les cultes.

Réal, rue de Lille, n. 607.

Thibaudeau, rue de Rochechouard, n. 149.

Section de l'intérieur.

Rœderer, président, faubourg Saint-Honoré, n. 63.

Benezech, cour de l'Orangerie.

Cretet, rue de Grenelle Saint-Germain, n. 570, chargé spécialement des ponts et chaussées, canaux de navigation et cadastres.

Fourcroy, au jardin des Plantes.

François, (de Nantes) rue et faubourg Saint-Honoré, n. 100.

Regnaud, (de Saint-Jean-d'Angely) rue du Mont-Blanc, n. 421.

Shée, rue Neuve-des-Capucines, n. 2.

Section des finances.

Defermon, président, rue du Bacq n. 557.

Berenger, rue de Bellefond, n. 255.

Devaisnes, rue de la Concorde, n. 25.

Duchatel, rue de Choiseul, au bureau de l'enregistrement.

Regnier, rue Saint-Dominique, n. 232, chargé spécialement des domaines nationaux.

Section de la guerre.

Brune, président, rue Neuve-des-Mathurins, n. 230.

Dumas, rue Saint-Nicolas, n. 11, boulevard Saint-Martin.

Lacuée, rue Saint-Dominique, n. 946.

Marmont, rue de Paradis Poissonnière, n 18.

Petict, rue de Lille, n. 503.

Sainte-Suzanne, rue de la Loi, n. 899, maison de l'Univers.

Section de la marine.

Fleurieu, président, rue Taitbout, n. 13.

Bertin, ex-préfet maritime, au Hâvre, rue Neuve-Sainte-Croix, n. 15.

Redon, rue Grenelle Saint-Germain n. 1485.

SERVICE EXTRAORDINAIRE.

Bernadotte, général en chef de l'armée de l'Ouest, rue d'Aguesseau, n. 1325.

Bonaparte, Joseph, rue Saint-Dominique, n. 200.

Bourrienne, aux Tuileries.

Cafarelly, préfet maritime, à Brest.

Champagny, rue de Verneuil, vis-à-vis le bureau de la poste.

Dejan, rue Saint-Guillaume, n. 977.

Dubois, (des Vosges) préfet de la Gironde, à Bordeaux.

Gouviot-Saint-Cyr, rue du Rocher, à la Pologne.

Jollivet, commissaire-général du gouvernement dans les quatre départemens de la rive gauche du Rhin, rue de Grenelle, n. 97.

Miot, administrateur général, en Corse.

Moreau Saint-Méry, résidant à Parme, rue Jacob, n. 1226.

Najac, préfet du département du Rhône, quai Voltaire, n. 5.

Truguet, rue Pépinière, n. 843.

Secrétaire - général.

Locré, J. G. maison Lavallière, place du petit Carrousel.

Bureaux du conseil d'état, séant aux Tuileries.

Ces bureaux sont sous la direction du secrétaire-général, qui nomme et peut révoquer les employés.

Les renseignemens sur les décisions que rend le conseil d'état, dans le cas de l'article II du réglement, seront donnés dans les bureaux du secrétaire-général.

Il existe, dans le local affecté aux séances du conseil d'état, une bibliothèque sous la direction du secrétaire du conseil d'état.

Chef des bureaux.

Hugot, maison Lavallière.

Archiviste.

Renouf, même maison.

Bibliothécaire.

Barbier, même maison.

SÉNAT CONSERVATEUR.

Barthelemy, ure du Mont-Blanc, n. 409.
Beaupuy, rue de Choiseul, n. 14.
Bertholet, rue d'Enfer, n. 133.
Bougainville, rue du Helder, Chaussée-d'Antin, n. 6.
Cabanis, maison Helvétius, à Auteuil.
Casa-Bianca, rue du Mont-Blanc, n. 20.
Chasset, rue Saint-Florentin, n. 3.
Choiseul-Praslin, à Auteuil.
Cholet, rue du Rocher, n. 487.
Clément-de-Ris, rue du Four Saint-Honoré, n. 455.
Colaud, grande rue de Chaillot, n. 10.
Cornet, au palais du Sénat.

Cornudet, rue de Grenelle, faubourg Saint-Germain, n. 111.

Davous, rue de Vaugirard, n. 1215 et 1216.

Dedelay-D'agier, rue Helvétius, vis-à-vis celle des Orties.

Démeunier, rue Cérutti, n. 26.

Depere, Matthieu, rue Cisalpine, n. 288.

Destutt-Tracy, à Auteuil.

Dyzèz, quai Voltaire, n. 5.

Dubois – Dubay, rue de Verneuil, n. 814.

Fargues, rue Saint-Honoré, bâtiment des Feuillans, n. 58.

François (de Neufchâteau), **rue de Varennes**, n. 651.

Garat, rue Jacob, n. 13.

Garran-Coulon, au palais du Sénat.

Grégoire, rue Saint-Dominique, faubourg Saint-Germain, n. 1055.

Harville, rue neuve des Mathurins, n. 751.

Hatry, rue de Grenelle, faubourg, Saint-Germain, n. 1176.

Herwin, rue Belle-Chasse, n. 224.

Jaqueminot, rue de Grenelle, faubourg Saint-Germain, n. 368.

Journu-Auber, rue des Saints-Pères, n. 1232.

Kellermann, rue Traverse, près la barrière de Sèvre, n. 874.

Lacepède, rue Tarane, n. 34.

Lagrange, rue Froid-Manteau, n. 4.

Lamartillière, petit rue Saint-Roch Poissonnière, n. 7.

Lambrechts, rue Férou, n. 975.

Lanjuinais, rue d'Enfer Saint-Michel, n. 60.

Laplace, rue Christine, n. 2.

Laville-Leroulx, rue des Moulins, n. 496.

Lecouteulx-Canteleu, rue du Faubourg Saint-Honoré, n. 56.
Lefebvre, rue des Capucins, chaussée d'Antin, n. 523.
Lejeans, Lazare, rue de la Révolution, n. 27.
Lemercier, au palais du Sénat.
Lenoir-Laroche, rue Plumet, n. 803.
Lespinasse, à l'Arsenal.
Levasseur, rue de l'Université, n. 395.
Monge, rue Saint-Dominique, maison Belle-Chasse.
Morard de Galles, rue de Verneuil, n. 839
Peré, rue Cassette, faubourg Saint-Germain, n. 24.
Perignon, rue de Berry, au Marais, n. 6.
Perregaux, rue du Mont-Blanc, n. 5.
Pléville-le-Pelley, rue Grange-Batelière, n. 8.
Porcher, rue Saint-Dominique, faubourg Saint-Germain, n. 953.

Rampon, rue des Citoyennes, n. 1239.
Resnier, rue de l'Université, n. 907.
Roger-Ducos, au palais du Sénat.
Rousseau, rue de Vaugirard, n. 1219.
Sers, rue des Saints-Pères, n. 1232.
Serurier, rue des Vieilles-Tuileries, n. 237.
Sieyes, rue du Faubourg Saint-Honoré, n. 48.
Tronchet, rue Pavée, au Marais, n. 6.
Vaubois, quai Voltaire, n. 6.
Vernier, rue Saint-Guillaume, n. 1142.
Vien, petite place du Muséum.
Villetard, rue des Saints-Pères, près celle de Grenelle, n. 1191.
Vimar, rue de l'Université, n. 913.
Volney, rue de la Rochefoucauld, n. 7.

SECRETARIAT GÉNÉRAL.

Cauchi, secrétaire-général, au palais du Sénat.

Alphonse Gary, secrétaire-général-adjoint et trésorier, au palais du Sénat.

Beaudelaire, secrétaire de la commission administrative, et contrôleur des dépenses du Sénat, au palais du Sénat.

Messagers d'État.

Beaumé, } au palais du Sénat.
Bréard,

Huissiers.

Sorlet,
Lothon,
Fagnard,
Foulon,
} au palais du Sénat.

Chalgrin, architecte, *idem.*

Baraguey, contrôleur des travaux et bâtimens, au palais du Sénat.

CORPS LÉGISLATIF.

A.

Agnel, (Hautes-Alpes) rue Grenelle Saint-Germain, n. 333.

Allard, (du Rhône) rue Buffon, n. 516.

Appert, (du Loiret) rue Saint-Honoré, n. 46.

Arrighy, (Golo) rue du Mont-Blanc, n. 1.

Auguis, (des Deux-Sèvres) rue des Petits-Augustins, n. 12.

Auverlot, (de Jemmapes) rue Traversière Saint-Honoré, hôtel d'Angl.

B.

Baillon, (du Nord) rue Saint-Honoré, hôtel Vauban, n. 81.

Baraillon, (de la Creuze) rue du Colombier, maison du Parc.

Baron, (de la Marne) rue Saint-Dominique, maison de Rome.

Bardenet, (Haute-Saône) rue de Chartres, hôtel de Nantes, n. 747.

Barré, (de la Sarthe) rue de Choiseul, n. 17.

Barrot, (de la Lozère) rue du Bac, n. 149.

Bassaget, (de Vaucluse) rue Batave, hôtel de Lyon.

Bazoche, (de la Meuse) rue du Bac, n. 249.

Beauckamp, (de l'Allier) rue Saint-Honoré, n. 62.

Beguinot, (Ardennes) rue Saint-Honoré, petit hôtel de Noailles.

Belzais-Courmesnil, (de l'Orne) rue du Coq-Saint-Honoré, n. 121.

Bergeras, (des Basses-Pyrénées) rue Neuve Saint-Marc, n. 5.

Bergey, (Indre-et-Loire) rue du faubourg Saint-Honoré, n. 4455.

Bergier, (du Puy-de-Dôme) rue du Bac, n. 941.

Berquier-Neuville, (du Pas-de-Calais) rue Saint-Honoré, n. 61.

Berthezen, (du Gard) rue Saint-Dominique, hôtel de Rome.

Bertin, (Ille-et-Vilaine) rue du Bouloy, n. 34.

Blanc, (de l'Ain) rue Saint-Florentin, n. 2.

Blarau, (de Jemmapes) rue Traversière Saint-Honoré, n. 782.

Besley, (Côtes-du-Nord) rue du Mail, n. 362.

Bezave-Mazière, (Cher) rue de Lille, n. 552.

Bodinier, (Ille-et-Vilaine) rue de Rohan, n. 22.

Boéry, (de l'Indre) rue Saint-Honoré, n. 52.

Boilleau, (de l'Yonne) rue du Bac, n. 843.

Bollemont, (Meuse) rue du Bac, n. 941.

Bollet, (du Pas-de-Calais) rue des Moineaux, n. 4.

Bollioud, (de l'Ardèche) rue de la Révolution, n. 8 et 29.

Bonnot, (Hautes-Alpes) rue des Bons-Enfans, n. 13, hôtel d'Alsace.

Bord, (Creuze) rue St.-Apoline, n. 30.

Béreau-Lajanadie, (de la Charente) rue Coquillière, n. 337.

Borie, (Ille et Vilaine)

Bouisseren, (de la Charente-Inférieure) rue Notre-Dame des Victoires, n. 61.

Bourdon, (de la Seine-Inférieure, rue de l'Échelle, n. 340.

Bourguet – Travanet, (Tarn) rue Caumartin, n. 29.

Bourg – Laprade, (de Lot et Garonne) rue d'Argenteuil, n. 30 ou 36.

Bourgois, (de la Seine-Inférieure) rue de l'Université, n. 594.

Brault, (de la Vienne) quai Voltaire, n. 6.

Brémontier, (de la Seine – Inférieure) rue St.-Guillaume, faubourg Saint-Germain, n. 1140.

Bucaille, (du Pas-de-Calais) rue Saint-Dominique, maison de Rome.

C.

Casenave, (des Basses-Pyrénées) rue Gaillon, hôtel d'Antin, n. 849.

Cayre, (du Rhône) rue de Lille, n. 483.

Ghaillot, (de Seine-et-Marne) rue Saint-Honoré, n. 1493.

Champion, (de la Meuse) rue Saint-Martin, n. 260, près celle Grenier Saint-Lazarre.

Champion, (du Jura) rue de Verneuil, faubourg Saint-Germain, n. 826.

Chancel, (Charente) rue du Colombier, maison Boston, n. 7.

Chapuis, (Vaucluse) rue des Moulins, n. 543.

Chatry-Lafosse, (du Calvados) rue Montholon, n. 300.

Cherrier, (de la Moselle) rue Saint-Honoré, n. 58.

Chollet-Beaufort, (du Puy-de-Dôme) rue Saint-Dominique, n. 968.

Clairon, (Ardennes) rue des Saussayes, faub. Saint-Honoré, n. 13.

Clary *Etienne*. (des Bouches-du-Rhône) rue du Mont-Blanc, n. 582.

Clauzel, (de l'Arriège) rue Neuve Saint-Roch, n. 9.

Clavier, (de la Loire-Inférieure) rue du Bouloy, n. 18.

Cochon-Duvivier, (de la Charente-Inférieure, rue St.-Florentin, n. 1.

Collard, (des Forêts) rue Montmartre, n. 102.

Combes-Dounous, (du Lot) rue des des Noyers, n. 296.

Coulmiers, (de la Seine) rue des Tournelles, n. 79, ou à Charenton.

Coutausse, (de Lot-et-Garonne) rue Mazarine, n. 20.

Couzard, (de la Gironde) rue de l'Université, n. 372.

Crozilhac (de la Gironde).

D.

Dalesmes, (Haute-Vienne).

Dallemagne, (Ain) rue Saint-Thomas du Louvre, n. 85.

Danel, (du Nord) rue du Lycée, hôtel de l'Europe.

Darracq (des Laudes).

Delahaye, (Loiret) rue de la Loi, hôtel de Valois.

Delamarre, (de l'Oise) rue Jacob, n. 5.

Delattre, (de la Somme) rue Saint-Honaré, près Saint-Roch, n. 1468.

Delecloy, (de la Somme) rue de l'Université, n. 385.

Delneufcour, (de Jemmappes) rue du faubourg Saint-Honoré, n. 42.

Delort, (de la Corrèze, rue de l'Echelle, maison du Carousel.

Delpierre aîné, (des Vosges) rue Saint-Honoré, n. 58.

Delzons, (du Cantal) rue Neuve des Mathurins, n. 880.

Demonceaux, (l'Aisne) rue Taranne, maison *idem*.

Desmazières, (de Maine-et-Loire) rue d'Argenteuil, n. 72.

Desnos, (de l'Orne) rue de Beaune, maison de l'apothicaire.

Despalière, (Vendée) rue de Paradis, au marais, n. 4.

Devaux, (de la Lys) rue Traversière, hôtel Louviers.

Devinck – Thiéry, (de l'Escaut) rue de Choiseul, n. 2.

Devisme, (Aisne) rue Traversière Saint-Honoré, n. 776.

Doyen, (Seine) rue Céruti, n. 5.

Dubosq, (du Calvados) rue de l'Université, n. 917.

Dubourg, (de l'Oise) rue de Lille, n. 676.

Duflos, (du Pas-de-Calais) rue et place des Vosges, n. 287.

Duhamel, (Manche) rue Grange-Batelière, n. 6.

Dumas, (du Mont-Blanc) rue Traversière Saint-Honoré, n. 777.

Dumoulin, (du Nord) rue Neuve Saint-Roch, n. 122.

Dupin, (de la Nièvre) rue du Cherche Midi, n. 791.

Dupuis, (de Seine et Oise) place Cambray, au collége de France, n. 18.

Durand, (de Loir et Cher) rue Saint-Honoré, n. 58.

Duranteau, (Gironde) rue Saint-Honoré, maison de Mayence, vis-à-vis l'hôtel de Noailles.

Dutrou-Bornier, (de la Vienne) rue de Beaune, n. 630.

Duval, (de la Seine - Inférieure) à Chaillot, rue des Gourdes, n. 7.

Duvillard, (du Léman) rue Guénégaud, n. 21.

E.

Eschassériaux jeune, (de la Charente-Inférieure) rue Saint-Dominique, cour Belle – Chasse.

Eversdyck, (de l'Escaut) rue de Courty, n. 324.

F.

Febvre, (du Jura) rue Helvétius, n. 607.

Félix-Faulcon, (de la Vienne) rue des Vieux-Augustins, n. 30.

Férat, (Bas-Rhin) rue Neuve des Mathurins, n. 671.

Fery, (de la Dyle) à Chaillot, rue Basse-Pierre.

Fontanes, (Deux-Sèvres) rue Saint-Honoré, n. 1449.

Fontenay, (d'Indre et Loire) rue de Verneuil, n. 432.

Foubert, (de la Dyle) rue St.-Thomas du Louvre, n. 236.

Fourmy, (de l'Orne) rue de Lille, n. 530.

Fournier, (de l'Hérault) rue Saint-Honoré, hôtel du Congrès.

Francq, (des Forêts) rue Cisalpine, n. 286.

Fremin-Beaumont, (Manche) rue Saint-Honoré, n. 85.

Fulchiron, (Rhône) rue Helvétius, n. 668.

G.

Gally, (Alpes-Maritimes).

Gantois, (de la Somme) rue Saint-Benoît, n. 18.

Gassendi, (des Basses-Alpes) rue Basse du Rempart, n. 353.

Gaudin, (de la Vendée) rue Grenelle, n. 1138.

Gauthier, (de la Côte - d'Or) rue Saint- Dominique, n. 1067.

Gauthier, (de la Corrèze) rue de Seine, n. 72.

Geoffroy, *Côme* (de Saône et Loire) rue Saint- Dominique, n. 936.

Germain, (du Jura) rue de Lille, n. 354.

Gesnouin, (du Finistère) rue Saint- Honoré, n. 1476.

Geysens, (de la Lys) rue des Déjeûneurs, n. 22.

Gintrac, (de la Dordogne) rue de l'Université, n. 274.

Girod - Chantrans, (Doubs) rue de l'Égalité, n. 8, maison de la Paix.

Girod, (de l'Ain) rue Jacob, n. 13.

Girot - Pouzols, (du Puy de Dôme) rue du Bacq, n. 613.

Golzart, (Ardennes) rue du Gros-Chenet, n. 5.

Gonnet, (de la Somme) rue Gaillon, maison d'Antin.

Grappe, (du Doubs) rue Saint-Thomas-du-Louvre, n. 236.

Grenot, (du Jura) rue du Colombier, n. 37.

Grouvelle, (Seine) rue du Pont de Lodi, près celle de Thionville, n. 2.

Guérin, (des Deux-Sèvres) rue Saint-Honoré, n. 1493.

Guérin, (du Loiret) rue de la Sourdière, n. 51.

Guibal, (Tarn) rue Caumartin, n. 29.

Guichard, (de l'Yonne) rue du Sépulcre, n. 725.

Guillemot, (de la Côte-d'Or) rue Saint-Dominique, n. 1007.

Guirail, (des Basses-Pyrenées) rue Gaillon, n. 849.

Guyot-Desherbiers, (de la Seine) rue des Noyers, n. 18.

H.

Hémar, (de la Marne) cul-de-sac du Doyenné, n. 304.

Hopsomère, (de l'Escaut) rue Belfond, n. 200.

Hubar, (de la Meuse-Inférieure) rue Saint-Maur, n. 1242, faubourg Saint-Germain.

Huguet, (Puy-de-Dôme) rue Croix-des-Petits-Champs, n. 41.

Huon, (du Finistère) rue des Saints-Pères, n. 7.

J.

Jacomet, (des Pyrénées-Orientales) rue Nicaise, n. 9.

Jacomid, (de la Drôme) rue du Coq Saint-Honoré, n. 134.

Jacopin, (Meurthe) rue Saint-Honoré, n. 85, près celle du Luxembourg.

Jan, (de l'Eure) rue de Lille, n. 535.

Janod, (du Jura) rue Taranne, n. 34.

Jouvent, (de l'Hérault) ruc de Lille, n. 534.

Juhel, (de l'Indre) rue Saint-Honoré, hôtel Virginie.

Jumentier, (Eure et Loir) rue et maison du Carrouzel.

K.

Keppler, (Bas-Rhin) rue Jacob, hôtel Bourbon, n. 37.

Kervélégan, (du Finistère) rue des Fossés-Montmartre, au bureau de loterie.

L.

Laborde, (du Gers) rue des Bons-Enfans, n. 8.

Lachièze, (dn Lot) rue Traversière, n. 785.

Lacrampe, (des Hautes-Pyrénées).

Lacretelle aîné, (Seine et Oise) boulevard Montmartre, n° 341.

Lafont, (de Lot et Garonne) rue Helvétius, 622.

Lagrange, (de Lot et Garonne) rue d'Argenteuil, n. 30 ou 36.

Lahure, (Jemmapes) rue Saint-Dominique, hôtel Maringo, n. 1114.

Lamé hérie Antoine, (de Saône et Loire) rue Nicaise, n. 10.

Langlois, (de l'Eure) rue des Fossés-Saint-Germain-l'Auxerrois, n. 11.

Lapotaire, (du Morbihan) rue Saint-Thomas-du-Louvre, n. 246.

Larcher, (de la Haute-Marne) rue Saint-Honoré, n. 81.

Latour-Maubourg, (de la Seine) à Passy.

Laumond, (de la Creuse) rue Grenelle Saint-Germain, hôtel Castel-

Lebrun-Derochemont, (Manche) rue Égalité, n. 12.

Leclerc, (de Seine et Oise, rue de Courcelle, n. 279.

Lecourbe, (du Jura) rue des Fossés-Saint-Germain-l'Auxerrois, n. 250.

Ledanois, (Eure) rue du Faubourg-Saint-Honoré, n. 89.

Lefebvre-Cayet, (du Pas-de-Calais) rue Saint-Dominique, maison de Rome.

Lefebvre-Laroche, (Seine) à Auteuil.

Lefebvrier, (du Morbihan) rue Saint-Honoré, n. 116.

Lefranc, (Landes).

Legrand, (de l'Indre) rue du faubourg Saint-Honoré, n. 11.

Lejeas, (Côte-d'Or) hôtel de Brionne.

Lemaillaud, (du Morbihan) rue Saint-Thomas-du-Louvre, n. 246.

Lemée, (des Côtes du Nord), rue Florentin, n. 670.

Lemesle, (de Seine-Inférieure) rue des Saints-Pères, n. 57.

Lemoine, (Loir et Cher) rue du Bac, n. 613.

Lemosy, (Lot) rue de Lille, n. 444.

Lerouge, (de l'Aube) rue Grange-Batelière, n. 5.

Leroux, Étienne, (de la Seine) rue des Mauvaises-Paroles, n. 431.

Leroy, (de l'Eure) rue des Filles-Saint-Thomas, n. 82.

Lesoinne, (de l'Ourthe) rue Saint-Dominique, pavillon Belle-Chasse.

Lesperut, rue Traversière Saint-Honoré, hotel d'Angleterre.

Lespinasse (de la Haute-Garonne) rue de l'Université. n. 925.

Lévêque (du Calvados) rue Jacob, hôtel de Bourbon, n. 1185.

Lignéville, (Haute-Marne) rue Saint-Antoine, à l'école centrale.

Dintz, (Sarre) rue du faubourg Saint-Honoré, n. 44, vis-à-vis l'Élisée Bourbon.

Lobjoy, (de l'Aisne) rue Traversière Saint-Honoré, n. 776.

Lombard-Taradeau, (Seine) chez le ministre de la police.

Louvet, (de la Somme) rue de Seine, n. 72.

Loyot, (de la Vendée) rue Grenelle Saint-Germain, n. 1138.

M.

Mallein, (de l'Isère) rue du Bouloy, n. 18.

Marcorelle, (de la Haute-Garonne) rue Saint-Honoré, n. 1446.

Marquette-Fleury, (Haute-Marne) rue Christine, n. 11.

Martinel, (de la Drôme) rue du Coq Saint-Honoré, n. 134.

Mauboussin, (Sarthe) rue du Jardinet, n. 6.

Mauguenest, (de l'Allier) rue Grenelle,

faubourg Saint-Germain, hôtel de Castellane.

Maupetit, (de la Mayenne) quai Voltaire, n. 13.

Meynard, (de la Dordogne) place du Louvre, hôtel Marigny.

Menessier, (de l'Aube) rue Neuve Grange-Batelière, n. 5.

Méric, (de l'Aude) rue d'Argenteuil, n. 217.

Metzger, (du Haut-Rhin) rue Grenelle, faubourg Saint-Germain, n. 354.

Meyer, (de l'Escaut) rue Verneuil, n. 432.

Milscent, (Maine et Loire) rue du Sépulcre, n° 33.

Mollevaut, (de la Meurthe) rue de l'Échelle, maison du Carousel, n. 538.

Monseignat, (de l'Aveyron) rue Thérèse, maison de la Chine.

Montardier, (de Seine-et-Oise) rue Neuve Saint-Roch, n. 116.

Morand, (des Deux-Sèvres) rue Taranne, n. 621.

Moreau, (Haut-Rhin) rue de Lille, n. 511.

Morel, (de la Marne) rue du Mail, n. 20.

Monneron aîné, (Loire Inférieure) rue de la Révolutioe, n. 17.

Musset, (Creuse) rue des Moulius, n. 546.

N.

Nairac, (de la Charente Inférieure) rue Saint-Denis, n. 18.

Nattes, (Aude), rue Notre-Dame des Victoires, hôtel de Tours.

Nourrisson, (Haute-Saône) rue du Mont-Blanc, n. 420 ou 4.

O.

Obelin, (Ille et Vilaine) rue du Bacq, n. 557.

Olbrechets, (de la Dyle)', rue de Grenelle Saint-Honoré, n. 41.

Ornano, Michel, (du département de Liamonne) rue Saint-Lazare, n. 54.

P.

Paillart, (d'Eure et Loir) rue et maison du Carousel.

Pampelonne, (de l'Ardèche, rue de la Ville-l'Évêque, n. 55.

Papin, (des Landes) rue d'Argenteuil, n. 30.

Pascal, (Isère) rue Saint-honoré, hôtel de Virginie.

Pellé, (Seine et Oise) rue de la Sourdière, n. 53.

Pémartin, (des Basses-Pyrenées) rue Saint-Honoré, n. 58.

Perrin, (des Vosges) rue de Provence, n. 52.

Pictet - Diodati, (du Léman) place Vendôme, n. 222.

Pigeon, (de la Dordogne) rue de Verneuil, n. 461.

Pillet, (de la Loire-Inférieure) rue des Bons-Enfans, n. 16.

Poulain, Célestin, (de la Marne) rue Boucherat, n. 14.

Provost, (de la Mayenne) rue Saint-Honoré, n. 121.

R.

Rabasse, (de la Seine-Inférieure) rue Saint-Denis, n. 94.

Rabaut, (du Gard) rue Saint-Honoré, n. 118.

Raingeard, (de la Loire-Inférieure) rue du Bouloy, n. 18.

Ramel, (de la Loire) rue de la Convention, n. 19 et 579.

Ramond, (Hautes-Pyrénées) rue des Fossés-Montmartre, hôtel des Victoires.

Réguis, (des Basses-Alpes) rue Pochet, près celle Plumet, n. 803.

Reibaud-Laussonne, Christophe, (du Var) rue Saint-Dominique, maison de Rome.

Renaud-Lascours, (du Gard) rue d'Agueneau, n. 3.

Renault, (de l'Orne) rue Sainte-Marguerite, n. 7.

Richard, (de la Loire) rue Saint-Florentin, n. 668.

Richepanse, (Loire) rue Massena, boulevard Neuf, près celle Plumet.

Ricour, (de la Lys) rue Coqhéron, maison de France.

Rigal, (de la Roër) rue Grenelle Saint-Germain, n. 354.

Rivière, (du Nord) rue de Lille, n. 545.

Rodat, (de l'Aveyron) rue Sainte-Thérèse, maison de la Chine.

Roemers, (de la Meuse-Inférieure)

aux Champs-Élysées, maison des Colonnes.

Rossée, (du Haut-Rhin), rue d'Anjou-Thionville, n. 12.

Roulhac, (Haute-Vienne) rue de l'Échelle, maison du Carousel.

Rousseau-d'Etionne, (Seine) rue Montmartre, n. 5.

S.

Saget aîné, (Moselle) rue de la Loi, hôtel des Deux-Siciles.

Saget, (de la Loire) rue Saint-Thomas-du-Louvre, n. 254.

Saint-Pierre-Lesperet, (du Gers) rue et hôtel Courty.

Salligny, (de la Marne) rue Neuve des Petits-Champs, n. 78 et 8.

Saur, (Rhin-et-Moselle, rue Saint-Dominique, n. 1050.

Sauret, (Allier) rue Grenelle-Saint-Honoré, hôtel de Nîmes.

Sauret, Étienne, (de l'Allier) rue de la Convention, n. 2.

Sautier, (Mont-Blanc) rue Grenelle, hôtel de l'Empire.

Sauzay, (Mont-Blanc) rue Cerutti, n. 5.

Savary, (de l'Eure) rue Neuve des Capucines, n. 121.

Schirmer, (du Haut-Rhin) rue de Lille, n. 496.

Ségur, (de la Seine) place de la Ville-l'Évêque, n. 1293.

Selys, (Ourthe) rue Vivienne, hôtel des Étrangers.

Servier, (Basses-Pyrennées).

Sieyes-Léons, (du Var) rue Neuve Saint-Eustache, n. 18.

Simon, (de Sambre-et-Meuse) rue Traversière Saint-Honoré, n. 782.

Simon, (de Seine-et-Marne) rue Grenelle Saint-Honoré, hôtel de l'Empereur.

Solvyns, (Deux-Nèthes) rue des Bons-Enfans, hôtel de France.

Soret, (Seine-et-Oise) cloître Saint-Jean en Grève, n. 25.

Sturtz, (Mont-Tonnerre) rue Cérutti, hôtel de l'Empire.

Sapey, (Isère) rue Saint-Honoré, hôtel d'Autriche.

T.

Tack, *Paul* (de l'Escaut) rue Grenelle St.-Honoré, maison de Bordeaux.

Tardy, (de l'Ain) rue Saint-Florentin, n. 667.

Tarte, (de Sambre-et-Meuse) rue Helvétius, n. 605.

Terrasson, (Rhône) rue de la Loi, maison du Nord.

Thénard, (de la Charente-Inférieure) rue des Petits-Augustins, hôtel d'Orléans.

Thévenin, (du Puy-de-Dôme, rue

du Colombier, faubourg Saint-Germain, n. 5.

Thibeaudeau, (Vienne) rue Rochechouard, n. 149.

Thierry, (de la Somme) rue de Paradis, n. 18.

Thiry, (Meurthe) rue Saint-Dominique, n. 232.

Toulgoët, (du Finistère) rue Saint-Dominique, n. 972.

Tóulongeon, (Nièvre) rue du Faub. Saint-Honoré, n. 74.

Trottier, (du Cher) rue des Prouvaires, n. 531.

Trumeau, (de l'Indre) rue de la Loi, hôtel du Piémont, n. 19.

Tupinier, (Saône-et-Loire) rue de Beaune, maison de France.

Turgand, (des Landes) rue Saint-Dominique, n. 1037.

V.

Vacher, Charles (du Cantal) rue Saint-Dominique, n. 233.

Valleteaux, (Côtés-du-Nord) rue du Bacq, n. 555.

Van-Cutsem, Guillaume (des Deux-Nèthes) rue Tournon, n. 1184.

Van-Kempen, (du Nord) rue de rue de Bourgogne, n. 1466.

Van-Ruymbeke, de la Lys) rue de Lille, hôtel de Salm-Salm.

Vanzelle, (Haute-Loire) rue de Lille, n. 643.

Verne, (de la Loire) rue de l'Echelle, n. 365.

Vienot-Vaublanc, (Seine-et-Marne) rue Caumartin, n. 31.

Vigneron, (de la Haute-Saône) rue de Malte, hôtel de Nantes.

Villar, (de la Haute-Garonne) rue de Lille, n. 339.

Villiot, (de l'Escaut) rue Notre-Dame de Nazareth, n. 131.

Secrétaires rédacteurs.

Gleizal,
Le Vasseur, } Palais nat. du Corps lég.

Messagers d'Etat.

Fournier,
Projean,
Sevestre,
Taveau, } Palais national du Corps législatif.

Huissiers.

Aubriet,
Balza,
Bertholet aîné,
Sal,
Duffriche,
Giraud,
Jeunesse,
Leblanc,
Rogat,
Tournemine, } au Palais du Corps législatif.

SECRÉTARIAT
DU CORPS LÉGISLATIF.

PROCÈS-VERBAUX.

Escalier M, *au premier.*

Giraud aîné, chef de ce bureau, chargé de la garde du sceau du Corps législatig, palais du Corps législatif, cour Helvétius, escalier P.

Secrétariat-général de la Commission administrative du palais du Corps législatif.

Beaupré, secrétaire-général, au palais du Corps législatif, ou à Passy.

Carbonnier, premier commis, au palais du Corps législatif.

Contrôle des dépenses.

Parelle, contrôleur des dépenses, au Palais du Corps législatif.

Barbe, premier commis, *idem.*

Bureau de distribution.

Giraud jeune, au palais du Corps législatif, cour Voltaire, escalier M, au deuxième, n. 3.

Architecte du Corps législatif.

Gisors jeune, au palais.

Concierge du palais.

Vacquer jeune.

Imprimeur du Corps législatif.

Baudouin, rue de Grenelle, faubourg Saint-Germain, n. 1131.

TRIBUNAT.

Section de législation.

BUREAU.

Siméon, président, rue de la Révolution, n. 686.

Savoye-Rollin, secrétaire, rue Saint-Honoré, n. 61, maison des Feuillans.

Duchesne, secrétaire, rue Saint-Honoré, n. 58.

Andrieux, rue du Sépulcre, n. 50.

Bertrand de Greuille, rue Saint-Honoré, n. 58.

Bézard, rue du Bouloy, n. 48.

Bouteville, rue Jacob, n. 39

Chabot, (Allier) rue Saint-Honoré, n. 46, vis-à-vis celle de St.-Florentin.

Duchesne.

Duveyrier, rue de la Pépinière, n. 746.

Faure, rue de l'Égalité-Odéon, n. 8.

Favard, rue du Bacq, n. 940.

Gary, rue Cisalpine, n. 288, près Mousseau.

Gillet, (Seine-et-Oise), rue d'Anjou-Saint-Honoré, n. 1370.

Goupil-Prefeln, rue Egalité-Odéon, n. 6.

Grenier, rue St.-Dominique, n. 958, près celle Saint-Guillaume.

Huguet, rue des Bourdonnois, n. 412.

Jaubert, rue des Francs-Bourgeois, n. 20, au Marais.

Lahary, rue des Bons Enfans, n. 15.

Laloy, rue Jacob, n. 14.

Legonidec, rue de Savoie, n. 9.

Legoupil-Duclos, rue du Colombier, n. 1334.

Leroy, (Seine) rue des Postes, n. 5, près l'Estrapade.

Leroi, Thomas (Orne) rue Cassette, n, 841.

Lejourdan, rue Saint-Louis, n. 520, près celle Saint-Gille, au Marais.

Ludot, rue des Bons-Enfans, n. 9.

Malherbe, rue du Petit-Vaug. n. 182.

Mouricault, rue des Deux-Portes Saint-Jean, n, 8.

Perreau, place du Corps législatif, n. 1552.

Robin, rue des Petits-Augustins, n. 35.

Savoye-Rollin. — Siméon.

Vezin, rue Thérèse, hôtel de la Chine.

Section de l'Intérieur.

BUREAU.

Bonaparte, (Lucien) président, rue Saint-Dominique, hôtel de Brienne.

Carnot, secrétaire, rue Saint-Dominique, n. 77.

Girardin, secrétaire, rue Blanche, n. 5.

Adet, rue d'Anjou-St.-Honoré, n. 958.

Beauvais, rue de la Loi, n. 1223.

Beaujour, rue de l'Échelle, n. 567.

Boisjolin, rue des Saints-Pères, n. 1225.

Boissy-Danglas, rue des Juifs, n. 17 au Marais.

Bonaparte, Lucien.

Caillemer, rue Helvétius, n. 579.

Caret, rue de Cléry, n. 59.

Carrion-Nizas, rue Saint-Lazare, n. 3.

Carnot.

Cernon, rue Saint-Honoré, hôtel de Virginie.

Chabaud-Latour, rue Saint-Florentin. n. 6.

Challan, rue de la Révolution, n. 17.
Chassiron, rue Saint-Florentin, n. 6.
Chauvelin, rue Saint-Lazare, n. 55.
Costé, rue Saint-Hyacinte-Michel, n. 55 et 689.
Curée, rue de la Verrerie, n. 57 Maison de Reims.
Daugier, rue Saint-Thomas-du-Louvre, hôtel de France.
Delpierre, quai Voltaire, n. 17.
Duvidal, rue Neuve-du-Luxembourg, n. 156.
Eschasseriaux, rue Saint-Dominique, Maison Belle-Chasse.
Fréville, rue du Mont-Blanc, n. 48.
Gallois, rue d'Anjou-Honoré, n. 925.
Girardin, rue Blanche, n. 5.
Gourley, rue du Marché, n. 1255, au coin de celle de Saussayes.
Guttinguer, rue de l'Université, n. 290.
Jacquemont, rue Saint-Dominique, hôtel de Luynes.

Jard-Panvilliers, quai Voltaire, n. 17.
Jaucourt, rue Blanche, n. 6.
Jubé, rue du Théâtre-Français, n. 5.
Laromiguière, rue du Pont-de-Lodi, n. 13.
Mallarmé, rue de Grenelle, faubourg Saint-Germain, n. 333.
Moreau, rue Basse-du-Rempart, n. 358.
Peinières, rue de Verneuil, n. 1829.
Pernon, rue Helder, hôtel Mirabeau.
Perrée, rue de l'Université, n. 900.
Perrin, rue de Varennes, n. 636.
Sahuc, rue du Hasard, hôtel des Étrangers.
Sedillez, rue Saint-Honoré, n. 80.
Thouret, à l'École de médecine.
Rioufle, rue Neuve des Mathurins, n. 856.

Section des Finances.

BUREAU.

Fabre, (de l'Aube) président, rue de la Révolution, n. 1, maison Crillon.

Arnould, secrétaire, rue Helvétius, n. 679.

Laussat, *idem*, rue des Capucines, n. 121.

Arnould.

Bosc, rue Saint-Dominique, hôtel de Rome.

Costaz, rue Grenelle Saint-Germain.

Daru, rue de Lille, n. 505, au coin de celle de Belle-Chasse.

Dacier, rue de Colbert.

Delaistre, rue Grenelle Saint-Honoré, n. 24.

Fabre, (de l'Aube).

Gaudin, Émile, rue de la Révolution, n. 26.

Gillet-Lajacminière, rue Neuve des Petits-Champs, n. 12 et 45.

Guinard, rue de Baune, n. 630.

Himbert, rue Saint-Thomas-du-Louvre, maison Marigny.

Labrouste, rue de l'Université, n. 572.

Laussat.
L breton, hôtel des Monnoies.
Malès, rue des Saint-Pères, n. 1191.
Mathieu, rue du Bacq, n. 558.
Mongez, hôtel des Monnoies.
Picault, quai Voltaire, n. 7.
Portiez, rue de la Chaise, n. 518.
Hongeard-du-Limbert, rue Coquillière, hôtel de Calais.
Say, rue de Tournon, n. 1125.
Trouvé, au Jardin-des-Plantes.

Non inscrits.

Abisson.
Bitouzé-Lignières, maison Longueville.
Pictet, rue Basse-du-Rempart, n. 356.
Koch.
Tarrible.
Van-Hulthem.
Huet.

Secrétaires Rédacteurs.

Sauvageot-Ducroisi, Olivier, palais du
5.

Tribunat, n. 7, escalier de la bibliothèque.

Letellier, palais du Tribunat.

Messagers d'État.

Coupart, palais du Tribunat.

Fremanger, Jacques, palais du Tribunat, par la rue du Lycée, en face de l'hôtel de l'Europe, n. 1085.

Geoffroy jeune, Marie-Joseph, palais du Tribunat, par la rue du Lycée, n. 1085.

Vardon, Louis-Alexandre-Jacques, palais du Tribunat.

Huissiers.

Bertholet, premier huissier. } au palais du Tribunat.
Lafontaine.

Hecquembourg, rue Neuve Notre-Dame, division de la Cité, n. 12.

Deleusebiis, palais du Tribunat.

Temblez, rue du Coq-Saint-Honoré,
 n. 134.
Royer,
Huard,   } au palais du Tribunat.
Beaudré,
Doinel, rue Saint-Honoré, n. 84.

*Secrétariat de la commission
administrative.*

Bondu, secrétaire, palais du Tribunat.
Lacroix, premier commis.
Dupont,
Ferville, } Commis d'ordre, *idem.*
Bachod, expéditionnaire, *idem.*

Bureau du contrôle.

Février jeune, contrôleur, palais du Tribunat.
Richard, premier commis, *idem.*
Leblond, garde-magasin, *idem.*
Proqués, expéditionnaire.

Bureau des procès-verbaux.

Thibaut, chef au Tribunat.

Thiébaut, premier commis, *idem.*

Durdan,
Borel, } Commis d'ordre, *idem.*

Perrier, expéditionnaire, *idem.*

Bibliothèque.

Simon,
Malherbe, } Bibliothécaires au Trib.

Gauthey, commis, *idem.*

Maillard,
Darmaing, } Commis temporaires, *id.*
Favard,

Bureau de distribution.

Larozerie, commis de distribution, palais du Tribunat.

Archives du Tribunat.

Blève, palais du Tribunat.

Imprimeur du Tribunat.

Baudouin, rue de Grenelle Saint-Germain, n. 1131.

ARCHIVES DE LA RÉPUBLIQUE.

Palais du Corps législatif, cour de Montesquieu, l'entrée par le premier passage de la cour de Voltaire, escalier, n. 1.

Camus, garde des archives, cour de Montesquieu, n. 1.

Bureau des archives nationales de la bibliothèque du Corps législatif.

Sarthe, premier secrétaire-commis aux archives, escalier premier, au second.

Belleyme, *idem*, bureau de topographie.

Devitry,
Wandelincourt, } bibliothécaires.

PRÉFECTURE DE POLICE

DE LA COMMUNE DE PARIS.

Quai des Orfèvres.

Dubois, préfet, maison de la préfecture de police, au ci-devant Bureau central.

Piis, secrétaire-général.

Secrétariat - général.

Bauve, scérétaire-général-adjoint, en chef.

Beurlier, garde des archives et des dépôts.

Liste des officiers de paix du canton de Paris.

Destavigny, rue Galande, n. 57, division du Panthéon.

Petitit-Henry, rue des Canettes.

Gallet, rue Montmartre, n. 45, division de l'Unité.

Boucheron, rue des Fossoyeurs, n. 1053.

Labuissière, rue du Bacq, n. 1071.

Michaud, rue Galande, n. 8.

Leclerc, rue Étienne, n. 4, division du Muséum.

Boudon, rue Jean-Pain-Molet, n. 24.

Morlée, rue du faubourg Saint-Martin, n. 50, division de Bondy.

Mercier, place de Grève, n. 3, division de la Fidélité.

Basin, rue Saint-Christophe, n. 9, division de la Cité.

Noël père et Noël fils, rue du Martrois, division de la Fidélité.

Chabancty, rue de la Barillerie, u. 42, division de la Cité.

Thibout, rue Saint-Antoine, n. 60.

Yvrier, place de la Cité, n. 9.

Bernard, rue Bertin-Poirée, n. 17, division du Muséum.

Quertin, rue de Savoie, n. 20, division du Théâtre-Français.

Lafite, rue Saint-Dominique, n. 1356, division des Invalides.

Boschon, rue Phildebert, n. 898, division de l'Unité.

Gauthier, rue des Deux-Écus, n. 42.

Blondel, rue Thévenot, n. 68, cul-de-sac de l'Étoile.

Spicket, rue des Anglais, n. 65, division du Panthéon.

Liste des magistrats de sûreté nommés par le Gouvernement.

Pinot et Riou, au Palais de Justice.

Fardel, rue Saint-Honoré, près celle de l'Échelle, d. 121.

Roullois, rue de la Vrillière, n. 10.

Verrier, rue Saintonge, n. 29.

Chiniac, quai de l'Égalité, île de la Fraternité.

Saussay, rue de Vaugirard, au coin de celle Garancière, n. 1110.

Liste des juges de paix du canton de Paris.

1ᵉʳ. *Arrond.* Lamoigniers, avenue de Neuilly, n. 3.

2ᵉ. — Delorme, rue Feydeau, vis-à-vis le Théâtre.

3ᵉ. — Veron, rue Neuve-Saint-Eustache, n. 39.

4ᵉ. — Lefevre, rue du Chevalier-du-Guet, n. 19.

5ᵉ. — Leblond, rue Thévenot.

6ᵉ. — Lamouque, rue Quincampoix, n. 6.

7ᵉ. — Faziaux, rue Sainte-Avoye, n. 36.

8º. — Pinatel, rue Saint-Bernard, n. 13.

9ᵉ. — Wisnick, rue des Barres, n. 4.
10ᵉ. — Jeanson, rue du Colombier, n. 1156.
11ᵉ. — Guérin, rue des Quatre-Vents, n. 649.
12ᵉ. — Thorillon, rue des Deux-Boules-Saint-Marceau, rue des Fossés-Saint-Marcel, n. 12.

BANQUIERS A PARIS.

Adam et compagnie, rue Neuve-des-Capucines, n. 22.

Andrieux, rue de la Michaudière.

Baguenaut et compagnie, boulevard Montmartre, n. 542.

Balmet et compagnie, rue Coq-Héron.

Brrillon, rue Neuve du Luxembourg, n. 161.

Barthelemy, Duchesne et compagnie, rue Grange-Batelière, près le boulevard.

Bastide et fils, rue Cérutti, n. 6.

Basterreche et compagnie (Voyez Juliers).

Bazin, Van-Berchem et compagnie, rue de Cléry, n. 95.

Billing et compagnie, rue des Filles-Saint-Thomas, n. 34.

Bodin, (Ch.) rue du Helder.

Busonni et compagnie, rue Thévenot, n. 63.

Cabarrus, (B.) rue de la Révolution, n. 6 et 27.

Caccia, père et fils, et Blomaert, rue Saint-Martin, vis-à-vis celle aux Ours.

Carrié, Bezard et compagnie, rue Taitbout, n. 32.

Chéradame et Bidois, rue de Ménars, n. 56.

Dallarde et compagnie, rue Neuve-des-Mathurins.

Davillier (J.-Ch.) et compagnie, rue Basse du Rempart, n. 364.

Defly, frères, rue Neuve-des-Petits-Champs, n. 7.

Delaville, Leroux et compagnie, rue de la place Vendôme, n. 15.

Delessert et compagnie, rue Coq-Héron, n. 181.

Detchegoyen, rue des Capucines, n. 11 et 172.

Doyen et compagnie, rue Cérutti, n. 5.

Dupont et Buquet, rue des Vieilles-Audriettes, n. 9.

Durand, (L.) rue Caumartin.

Enfantin, frères, et compagnie, rue Coq-Héron, n. 178.

Fabert et compagnie. Voyez Razuret.

Fould, (B.-L.) rue Saint-Georges, chaussée d'Antin, n. 3.

Fulchiron et compagnie, rue Helvétius, n. 668.

Gallet jeune, et compagnie, rue du Petit-Carreau, n. 4.

Gamot et compagnie, rue Saint-Lazare, n. 449.

Gastinel, rue de Thionville, n. 1765.

Germain, rue de Provence, n. 17.

Geyler, Jordan et compagnie, rue du Montblanc, n. 9.

Gros-Davilliers, boulevard Montmartre, n. 541.

Guilbaud et compagnie, rue Neuve-des-Mathurins, n. 1.

Henry, rue du Montblanc, n. 295.

Hervas, rue Basse-du-Rempart, n. 351.

Hottenguer et compagnie, rue de Provence, n. 3.

Hupais, Gelot et compagnie, rue et place Vendôme, n. 218.

Juliers, Basterreche et compagnie, rue Neuve-des-Mathurins, n. 688.

Julien (A.-B.), et veuve, place de Thionville, n. 7.

Lecomte, rue Neuve-des-Mathurins,

Lefebvre, rue Chapon, au Marais, n. 191.

Lefevre, Coiffier et Koch, rue d'Orléans, porte Saint-Denis, n. 16.

Lemercier et compagnie, rue Richer, faubourg Montmartre, n. 875.

Mallet, frères et compagnie, rue du Montblanc, n. 380.

Marccille et compagnie, rue du Montblanc, n. 33.

Marlier, rue Saint-Honoré, près les Jacobins.

Martin, Puech, fils et compagnie, rue d'Antin, n. 9.

Michel, frères jeunes, place Vendôme, n. 6 et 1522.

Olivier, Outrequin, Chewals et compagnie, rue du Gros-Chenet, n. 11.

Ouvrard, rue du Mont-Blanc, n. 22.

Paignon et compagnie, rue du Mail, n. 25.

Perregaux et compagnie, rue du Mont-Blanc, n. 4 et 778.

Razuret-Fabert et compagnie, rue de Grammont, n. 10 et 705.

Recamier, rue du Mont-Blanc, n. 3 et 777.

Rodrigues-Patto et compagnie, rue Caumartin.

Rougemont et compagnie, rue de la place Vendôme, n. 202.

Rougemont et Scherer, rue des Capucines, n. 72.

Sarrus, frères, rue Neuve des Mathurins, n. 42.

Saillard, l'aîné, rue de Clichy, n. 12.

Schuchart et compagnie, rue Neuve-Égalité, n. 314.

Sevenes, frères, rue d'Amboise, n. 7.

Soegnsel et compagnie, rue de la Loi.

Solier, (G.-D.) fils, et Delarue, place Vendôme, n. 5.

Tassin, rue Helvétius, n. 62.

Tourton et Ravel, rue Saint-Georges, n. 12.

Worms, rue de Bondi, n. 18.

AGENS DE CHANGE,

Nommés par le premier Consul.

Archdeacon, fils aîné, rue de l'Université, n. 291.

Beaumont, rue Basse-du-Rempart, n. 356.

Bocher, rue Grange-Batelière, n. 26.

Boisson, rue des Filles-Saint-Thomas, n. 11 et 49.

Boscary, rue de Choiseul, n. 721.

Bou, rue Bergère, n. 1012.

Bouchet, le jeune, rue Boudereau, n. 724.

Bréant-Laneuville, rue Neuve-Saint-Eustache, n. 22.

Bresson, rue Neuve-Saint-Eutache, n. 22.

Caron, rue de la Concorde, n. 688.
Cheret, rue de Cléry, au coin de celle Saint-Claude.
Clavières, rue du Sentier, n. 19.
Coindre, rue de Provence, n. 19.
Croisette-Desnoyers, rue Neuve-Saint-Eustache, n. 575.
Dartiyue, rue de Grammont, n. 6.
Delahaie, rue Lepelletier, n. 5.
Delamart, rue Favart, n. 422.
Delatte, rue Chabanais, n. 50.
Delaunay-Lemier, rue du Faubourg Poissonnière, n. 5.
Desnoyers. *Voyez* Croisette-Desnayers.
Desprez, rue de Choiseul, n. 19.
Dewelle, rue de Cérutti, n. 19.
Dubruel, rue Neuve-Saint-Augustin, n. 379.
Dufresne, rue Vivienne, n. 59.
Ferrand, rue basse-du-Rempart, n. 371.
Fould, rue Saint-Marc, n. 166.
Fournier, rue Lepelletier, n. 10.

Froment, rue Neuve-Saint-Augustin, n. 759.

Garrigues, rue Saint-Lazare, n 53.

Gaujac, passage des Petits-Pères, n. 5.

Guesdon, rue de bondy, n. 40.

Guibout, rue Caumartin, n. 782.

Guyot, rue des bons-Enfans, n. 1334.

Havet, rue des Petites-Écuries, n. 31.

Houard, rue des Filles-Saint-Thomas, n. 8.

Jacquier, rue du Helder, n. 5.

Jauberthon, rue Neuve-du-Luxembourg, n. 156.

Johannot, rue d'Amboise, n. 10.

Jouanne, rue de l'Échiquier, n. 31.

Lacaze, rue Neuve-des-Mathurins, n. 678.

Lafitte, jeune, rue Neuve-des-Mathurins, n. 689.

Lagrenée, rue de Mesnars, n. 7.

Leclercq, rue Neuve-de-l'Égalité, n. 515.

Lecordier, rue Saint-Honoré, bâtimens des Feuillans, n. 55.

Led'hui, rue du Mail, n. 19.

Lefebvre, rue de Grammont, n. 550.

Lenoir, rue du Faubourg Montmartre, n. 1039.

Leroux, hôtel de la Préfecture de Police.

Lorin, rue du Faubourg Poissonnière, n. 5.

Luce, jeune, rue Thévenot, n. 59.

Madinier, rue Grange-batelière, n. 11.

Mallet, rue Poissonnière, n. 177.

Manuel, (J.) rue du Faubourg-Poissonnière, n. 17.

Merlin, rue et division de la Place Vendôme, n. 205.

Mollard, rue Vivienne, n. 41.

Papillon-Sannois, faubourg Poissonnière, n. 769.

Pean de Saint-Gilles, place des Vosges, n. 285.

Perdonnet, rue du Faubourg Poissonnière, n. 5.

Perrot, rue des Fossés-Montmartre, n. 3.

Personne-Desbrières, rue de la Loi, n. 1241.

Petit, rue des Juifs, n. 9.

Peyronnet, rue de Choiseul, n. 17.

Pillot, rue de Choiseul, n. 19.

Portau, rue de la Michaudière, n. 8.

Reverony, rue et cour des Filles Saint-Thomas, n. 85.

Roques, rue de bondy, n. 40.

Saucède, rue Chaucat, n. 1.

Soubeiran, rue du Helder, n. 8.

Tattet, rue de l'Échiquier, n. 20.

Torras, rue Favart, n. 422.

Trudelle, rue basse-du-Rempart, n. 563.

FIN.

TABLE DES MATIÈRES.

AVIS. page 1.

CHAPITRE PREMIER.

Gouvernement. Administrations civiles et militaires.	page 1.
Garde des Consuls.	2.
Conseil d'état.	3.
Sénat conservateur.	*ibid.*
Corps législatif.	4.
Tribunat.	*ibid.*
Ministère de la justice.	5.
Ministère de l'intérieur.	6.
Ministère des finances.	7.
Ministère de la guerre.	8.
Ministère de la marine.	9.

TABLE

Ministère de la police générale. pag. 10.
Ministère des relations extérieures. 11.
Ministère du trésor public. 12.
Comptabilité nationale. 13.
Caisse d'escompte et de commerce. *ibid.*
Bureaux de l'enregistrement et du timbre. *ibid.*
Préfecture du département de la Seine. *ibid.*
Préfecture de police. 14.
Municipalités de Paris. *ibid.*

CHAPITRE II.

Manufactures. — Établissemens de commerce, et tout ce qui est relatif à cet objet.

Banque de France. 18.
Bourse. 19.
Manufacture des Gobelins. 20.
Manufacture des glaces. *ibid.*
Manufacture d'acier minéral. 21.

— de cristaux. page 21.
— de cuivre. ibid.
— de tapisseries d'Aubusson. ibid.
— de porcelaine. 22.
— de plomb laminé. ibid.
— de papiers peints, etc. ibid.
Manufacture de tabacs. 25.
Magasins de musique et d'instrumens. 26.
Poste aux lettres. 27.
Poste aux chevaux. 31.
Voitures publiques. ibid.
Diligences particulières. 32.
Coches d'eau. 35.
Roulages. 38.
Halles. ibid.
Mont-de-piété. 39.
Cabinets littéraires et Journaux. 41.
Marchés. 43.
Agence centrale hypothécaire. 45.
Eau de beauté. 47.
Fontaines filtrantes. 48.

TABLE

Fontaines publiques. page 49.
Essences de viandes et de légumes. 50.

CHAPITRE III.

Bibliothèques.— Monumens des sciences et arts. — Palais. — Édifices publics.

Bibliothèque nationale.	51.
Bibliothèque de la Ville.	54.
Bibliothèque du Panthéon.	*ibid.*
Bibliothèque Mazarine.	55.
Bibliothèque de l'Institut national.	*ibid.*
Bibliothèque et galerie d'histoire naturelle.	56.
Musée central des arts.	58.
Musée National des monumens français.	*ibid.*
Institut national.	59.
Sociétés littéraires.	61.
Athénée de Paris.	*ibid.*
Athénée des arts.	63.

DES MATIÉRES.

Institution des sourds et muets. pag.	63.
L'École de chirurgie.	64.
L'École de natation.	66.
L'Hôtel des Monnaies. Cabinet de minéralogie.	ibid.
Conservatoire de musique.	68.
Palais du Louvre.	69.
Palais et jardin des Tuileries.	70.
Palais du Tribunat.	75.
Palais du Luxembourg.	76.
Panthéon.	ibid.
Odéon.	78.
Observatoire.	79.
Ecole militaire.	80.
Champ de Mars.	81.
Hôtel des Invalides.	82.
Palais de justice.	83.
Halle aux farines.	85.
Fontaine des Innocens.	ibid.
Eglise de Notre-Dame.	86.
Le Temple.	ibid.
Hospices Nationaux.	87.

TABLE

Ponts. page 90.
Portes. 93.

CHAPITRE IV.

Théâtres. — Spectacles. — Jardins publics. — Panorama et autres objets de curiosité. — Diverses indications générales.

Théâtre de l'Opéra. page 95.
Théâtre Français. ibid.
Théâtre de l'Opéra-Comique-National. 96.
Théâtre du Vaudeville. 97.
Théâtre de Louvois. 98.
Opéra Buffa. 99.
Théâtre des Variétés. 100.
Théâtre de l'Ambigu-Comique. 101.
Théâtre de la Gaîté. ibid.
Théâtre des Jeunes-Elèves. 102.
Théâtre des Jeunes-Artistes. ibid.
Fantasmagorie de Robertson. 103.

DES MATIÈRES. vij

Amphithéâtre d'Equitation.	page 105.
Cabinet de physiologie, etc.	106.
Jardins publics.	109.
Bains publics.	113.
Cafés.	115.
Restaurateurs.	117.
Hôtels Garnis.	119.
Cabriolets et fiacres.	*ibid.*
Boulevards.	121.
Champs-Elysées.	122.

CHAPITRE V.

Châteaux et maisons de plaisance des environs de Paris.

Bois de Boulogne.	123.
Bagatelle.	124.
Passy.	125.
Pont de Neuilly.	126.
Saint-Cloud.	127.
La Malmaison.	125.
Château et machine de Marly.	136.

TABLE DES MATIÈRES.

Luciennes.	page 137.
Versailles.	138.
Trianon.	154.
Le petit Trianon.	155.
Saint-Cyr.	157.
Sceaux.	*ibid.*
Choisi.	158.
Meudon.	*ibid.*
Vincennes.	160.
Saint-Germain-en-Laye.	161.
Saint-Denis.	162.
Bellevue.	*ibid.*
Belleville et le pré Saint-Gervais.	164.
Barrières de Paris.	166.

Fin de la Table.

www.ingramcontent.com/pod-product-compliance
Lightning Source LLC
Chambersburg PA
CBHW050320170426
43200CB00009BA/1393